新能源汽车故障诊断与排除技术

主　编　朱汉楼　齐金华
副主编　王　超　顾佳辉　张登裕
　　　　罗深译　毛立发
参　编　陈武明　储　华
主　审　谈黎虹

北京理工大学出版社
BEIJING INSTITUTE OF TECHNOLOGY PRESS

内容简介

全书分8个学习任务讲述新能源汽车电池、电机、空调、转向、上电、行驶等常见故障诊断与排除的要点，以行业规范为依据，注重知识性、系统性、实用性的多重结合，尽量最直观地将最实用的内容呈现给读者。

本书以任务工单的形式向读者讲解新能源汽车常见故障诊断基础知识，传授新能源汽车常见故障排除的主要方法与实用技术。

本书内容系统全面，浅显易懂，特别适合新能源汽车故障诊断与排除的初学者使用，也可作为高等院校、高职院校及技校等新能源汽车专业的教材，新能源汽车的私家车主也可参考。

图书在版编目（CIP）数据

新能源汽车故障诊断与排除技术 / 朱汉楼，齐金华主编. -- 北京：北京理工大学出版社，2024.5

ISBN 978-7-5763-4036-5

Ⅰ. ①新… Ⅱ. ①朱… ②齐… Ⅲ. ①新能源-汽车-故障诊断②新能源-汽车-车辆修理 Ⅳ. ①U469.707

中国国家版本馆CIP数据核字（2024）第102053号

责任编辑：陈莉华　　**文案编辑**：李海燕
责任校对：周瑞红　　**责任印制**：李志强

出版发行 / 北京理工大学出版社有限责任公司
社　　址 / 北京市丰台区四合庄路6号
邮　　编 / 100070
电　　话 / （010）68914026（教材售后服务热线）
（010）68944437（课件资源服务热线）
网　　址 / http：//www.bitpress.com.cn

版 印 次 / 2024年5月第1版第1次印刷
印　　刷 / 涿州市京南印刷厂
开　　本 / 787 mm×1092 mm　1/16
印　　张 / 10
字　　数 / 209千字
定　　价 / 66.00元

前　言

发展新能源汽车是我国从汽车大国迈向汽车强国的必由之路，是应对气候变化、推动绿色发展的战略举措。2012 年以来，我国坚持纯电驱动战略取向，新能源汽车产业发展取得了巨大成就，成为世界汽车产业发展转型的重要力量之一。随着新能源汽车技术的快速发展和国家政策扶持力度的加大，新能源汽车行业发展迅猛，产销量大幅增长，对新能源汽车的生产制造与售后服务人员的需求逐步增加。党的二十大报告指出，“教育、科技、人才是全面建设社会主义现代化国家的基础性、战略性支撑”，职业教育更要承担起新能源汽车前后市场技术技能人才的培养重任。

新能源汽车涉及很多全新的技术领域，目前市场上关于新能源汽车故障诊断与排除方面的书籍较少，尤其是针对职业院校开展常规教学任务的书籍更少。面对新能源汽车技术这个职业教育的全新领域，为了满足新能源汽车市场对新能源汽车人才的需求，特编写了本教材。

本教材围绕新能源汽车专业的教学要求，突出职业教育特点，采用“基于工作过程”的方式编写。在对相关职业院校教学组织方式和新能源汽车技术技能人才岗位特点进行调研的基础上，分析出岗位典型工作任务及新能源汽车常见故障诊断与排除的项目，据此提炼行动领域，从而构建了新能源汽车故障诊断与排除的系统化课程体系。

本教材以理论知识为纲，以模块化任务为目的，系统地将知识和任务串联为一体。每个任务工单对应新能源汽车故障诊断与排除的常见项目，以接受任务、信息收集、制订计划、计划实施、质量检查、评价反馈六大环节为主线，结合理论知识进行实操。在强化实际操作的同时，对理论知识也进行了巩固，以达到理论与实践一体化、工学一体化的教学目的。

本书由湖州交通技师学院教学团队牵头组织编写，朱汉楼、齐金华任主编，王超和顾佳辉（湖州交通技师学院），张登裕（杭州技师学院），罗深译（舟山技师学院），毛立发（衢州市技师学院）任副主编，陈武明（永康五金技师学院）参编，谈黎虹担任主审。其中朱汉楼编写了学习任务一动力电池管理系统电源故障与排除、齐金华编写了学习任务二动力电池管理系统通信故障与排除、王超编写了学习任务三动力电池管理系统碰撞信号故障与排除、顾佳辉编写了学习任务四驱动电机与控制器冷却系统故障与排除、张登裕编写了学习任务五车辆无法上电故障诊断与排除、罗深译编写了学习任务六车辆无法行驶故障诊断与排除、毛立发编写了学习任务七电动空调不制冷故障诊断与排除、陈武明编写了学习任务八汽车转向沉重的故障诊断与排除。同时感谢北京未科新能教育科技有限公司唐亮总经理和杭州质数云创科技有限公司储华总经理提供相关素材支持。

囿于我们水平，及成书之匆促，书中疏漏之处在所难免，还请广大读者朋友及业内专家多多指正。

编　者

目 录

学习任务一　动力电池管理系统电源故障与排除

学习目标

1. 掌握动力电池管理系统（Battery Management System，BMS）的组成与工作原理、BMS 控制器电源线路；
2. 能正确查阅电路图；
3. 能正确利用仪器设备对 BMS 电源线路进行检修。

素质目标

1. 严格执行企业检修标准流程；
2. 严格执行企业 6S 管理制度；
3. 培养严谨求实的工匠精神、热爱劳动的好品质。

建议学时

8~10 学时。

工作情境描述

一辆 2018 款吉利帝豪 EV450 电动汽车仪表故障灯点亮，显示“电量不足，请及时充电”，车辆无法上电、无法充电。你知道 BMS 的上下电、充电控制策略吗？你知道 BMS 常见故障诊断与排除流程吗？请你对上述故障进行诊断与排除。

工作流程与活动

学习活动 1　接受任务

建议学时：1 学时。

学习要求：一辆 2018 款吉利帝豪 EV450 电动汽车仪表故障灯点亮，显示“电量不足，请及时充电”，车辆无法上电、无法充电。现在需要你了解 BMS 的上下电、充电控制策略，以及 BMS 常见故障诊断与排除流程。

具体要求：

记录车辆信息：

整车型号	
电池容量	
工作电压	
充电情况	
外观情况	

学习活动 2　信息收集

建议学时：1 学时。

学习要求：通过查找相关信息，能够了解 BMS 的组成与工作原理，熟悉 BMS 电源线路检修过程等知识。

具体要求：

1. 知识准备。

（1）关于蓄电池的检测，下列说法正确的是（　　）。

A. 外观检查时，只检查蓄电池接线柱、电缆和托架固定架是否有腐蚀即可

B. 外观检查时，只检查蓄电池周围无漏液，壳体和桩柱无破损裂纹即可

C. 用万用表检测蓄电池电压，只要在 12.6 V 以上就一定可以用

D. 万用表检测的蓄电池端电压，只能作为检测的参考因素

（2）动力电池的能量储存与输出都需要模块来进行管理，即动力电池能量管理模块，也称为动力电池管理系统，或动力电池能量管理系统，简称（　　）。

A. BBS　　B. ABS　　C. BMS　　D. EPS

2. 技能准备。

（1）查阅吉利 EV450 电路图，BMS 控制器电路图所在页码为（　　　　　　）。

（2）画出 EV450 BMS 控制器电源线路简图。

（3）BMS 控制器常电线路颜色为（　　　　　），IG 电线路颜色为（　　　　　）。

（4）BMS 控制器 IG 电的保险编号为（　　　　　），额定电流为（　　　　　）A。

（5）简述 BMS 电源故障主要故障代码及含义。

故障代码	含义
U3006-16	
U3006-17	
U3006-29	

学习活动 3　制订计划

建议学时：1 学时。

学习要求：能与相关人员进行专业有效的沟通，根据任务要求，进行作业前的准备工作。

具体要求：

请根据任务要求，确定所需要的场地和物品，并对小组成员进行合理分工，制订详细的工作计划。

1. 根据任务要求制订实训计划。

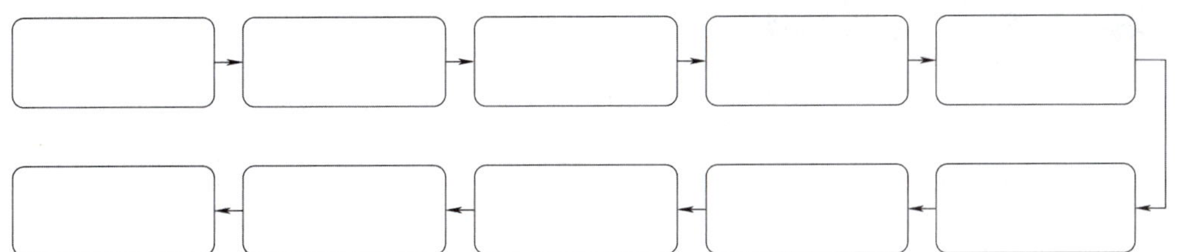

2. 请根据操作计划，完成小组成员任务分工。

主操作人		记录员	
监护人		展示员	

学习活动 4　计划实施

建议学时：4~6 学时。

学习要求：能根据制订的工作方案，通过完成动力电池管理系统的作业流程，在规定时间内进行电源故障检测，完成动力电池管理系统 BMS 电源的拆卸、连接、安装等工作。

具体要求：

1. 作业前准备。

作业图例	作业内容	完成情况
	作业前现场环境检查	□规范着装 □拉设安全围挡 □放置安全警示牌 □检查灭火器 □检查测量终端状态 □铺设防护四件套
安全帽 护目镜 绝缘鞋 绝缘手套	防护用具检查	□检查绝缘手套 □检查护目镜 □检查安全帽 □检查绝缘鞋
诊断仪 放电工装 万用表 绝缘检测仪	仪表工具检查	□检查万用表、绝缘检测仪是否正常 □检查故障诊断仪是否正常 □检查绝缘工具是否齐全、正常 □检查放电工装是否正常 □检查维修手册、电路图是否完备

续表

作业图例	作业内容	完成情况		
	测量绝缘地垫绝缘电阻	测量值	标准值	判别
		____Ω	____Ω	□正常 □异常

2. 登记车辆基本信息。

项目	内容	完成情况
品牌		□是 □否
VIN		□是 □否
生产日期		□是 □否
动力电池	型号： 额定容量：	□是 □否
驱动电机	型号： 额定功率：	□是 □否
行驶里程	km	□是 □否

3. 基本检查。

作业图例	作业内容	完成情况		
	蓄电池电压	测量值	标准值	判断
		____V	____V	□正常 □异常

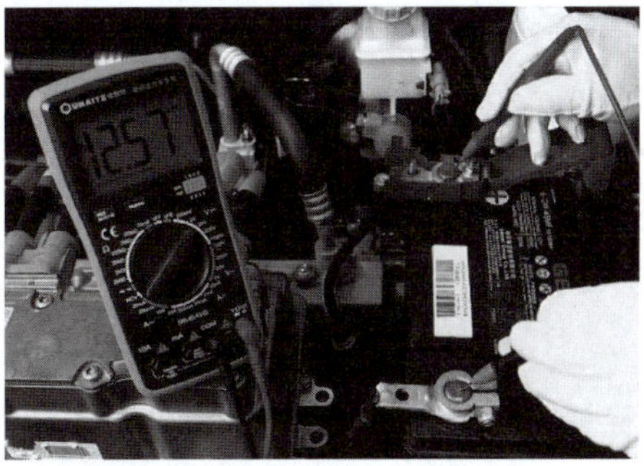

作业图例	作业内容	完成情况
	高压部件及其连接器情况	□是　□否
	低压部件及其连接器情况	□是　□否

4. 故障现象确认。

<table>
<tr><th>作业图例</th><th>作业内容</th><th colspan="2">完成情况</th></tr>
<tr><td rowspan="7"></td><td>踩下制动踏板，打开点火开关</td><td colspan="2">□是　□否</td></tr>
<tr><td rowspan="6">观察仪表现象</td><td>显示</td><td>判断</td></tr>
<tr><td></td><td>□正常　□异常</td></tr>
<tr><td></td><td>□正常　□异常</td></tr>
<tr><td></td><td>□正常　□异常</td></tr>
<tr><td></td><td>□正常　□异常</td></tr>
<tr><td></td><td>□正常　□异常</td></tr>
</table>

续表

作业图例	作业内容	完成情况
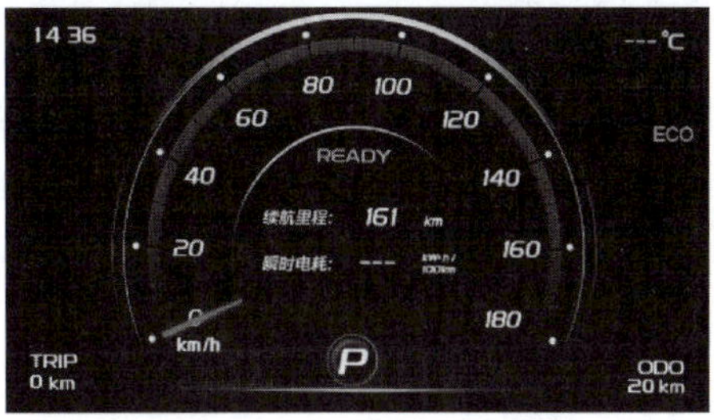	整车能否上电	□能　□不能
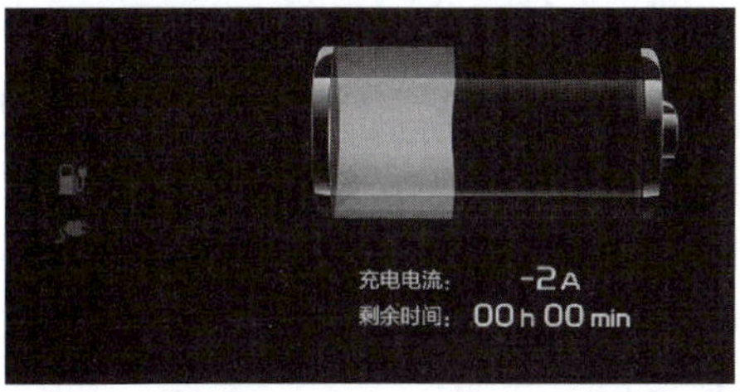	交流慢充能否充电	□是　□否

5. 读取故障代码、数据流。

作业图例	作业内容	完成情况
	关闭点火开关	□是　□否

续表

<table>
<tr><th>作业图例</th><th>作业内容</th><th colspan="2">完成情况</th></tr>
<tr><td rowspan="2"> 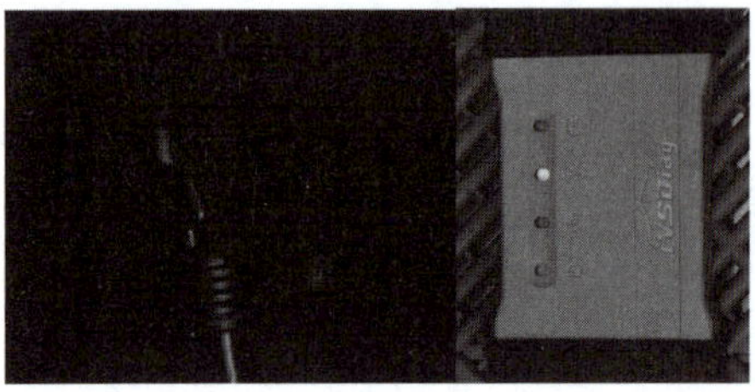</td><td>将 OBD Ⅱ 测量线连接至 VCI 设备</td><td colspan="2">□是　□否</td></tr>
<tr><td>连接车辆 OBD 诊断座，VCI 设备电源指示灯亮起</td><td colspan="2">□是　□否</td></tr>
<tr><td> 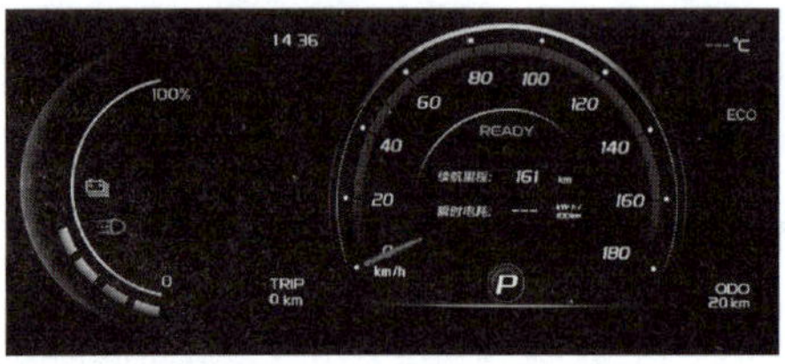</td><td>打开点火开关</td><td colspan="2">□是　□否</td></tr>
<tr><td rowspan="9"> 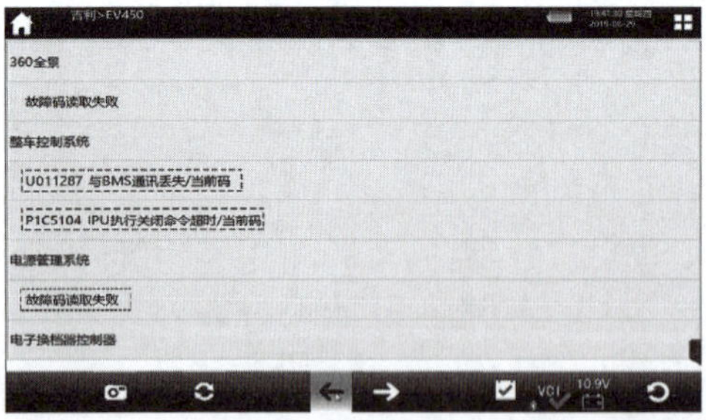</td><td rowspan="9">选择相应车型并读取故障代码</td><td>故障代码</td><td>含义</td></tr>
<tr><td></td><td></td></tr>
<tr><td></td><td></td></tr>
<tr><td></td><td></td></tr>
<tr><td></td><td></td></tr>
<tr><td></td><td></td></tr>
<tr><td></td><td></td></tr>
<tr><td></td><td></td></tr>
<tr><td></td><td></td></tr>
</table>

续表

作业图例	作业内容	完成情况	
	读取与故障相关数据流	故障代码	含义

6. 故障范围分析。

思维导图

7. 检查 BMS 供电电源保险 EF01 和 IF18 是否熔断。

作业图例	作业内容	完成情况
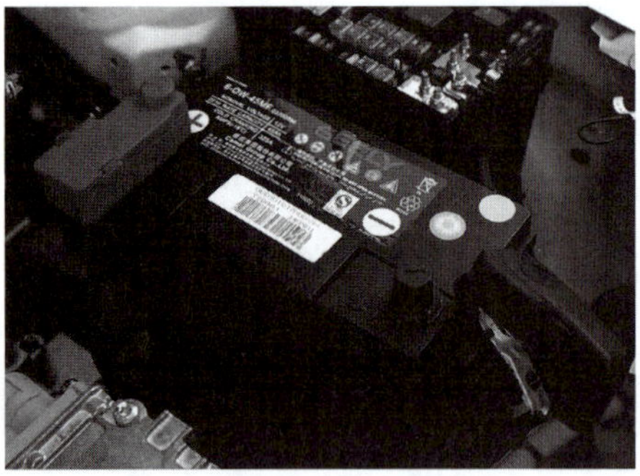	把起动开关打至 OFF 挡，拆下蓄电池负极	□是 □否
	拔下保险 EF01	□是 □否
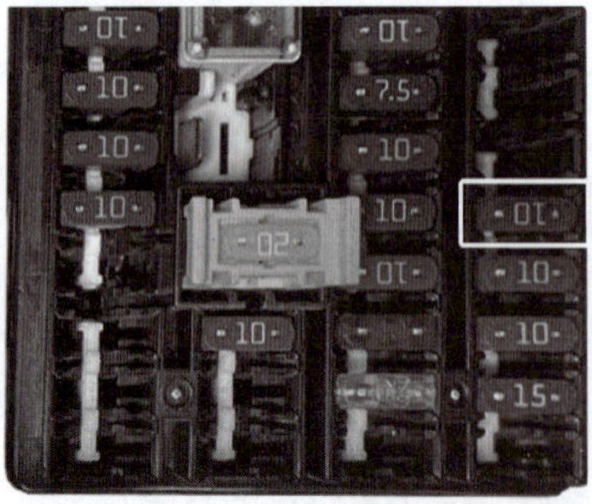	拔下保险 IF18	□是 □否

<table>
<tr><th>作业图例</th><th>作业内容</th><th colspan="3">完成情况</th></tr>
<tr><td rowspan="4"></td><td rowspan="4">测量保险丝电阻值，判断保险丝是否损坏</td><td colspan="3">□正常　□异常</td></tr>
<tr><td>测量位置</td><td>测量值</td><td>标准值</td></tr>
<tr><td>EF01</td><td>____Ω</td><td>____Ω</td></tr>
<tr><td>IF18</td><td>____Ω</td><td>____Ω</td></tr>
<tr><td colspan="5">检测分析：</td></tr>
</table>

8. 检查保险丝 EF01 和 IF18 线路是否有对地短路现象。

作业图例	作业内容	完成情况
	把起动开关打至 OFF 挡，拆下蓄电池负极	□是　□否

续表

<table>
<tr><th>作业图例</th><th>作业内容</th><th colspan="3">完成情况</th></tr>
<tr><td rowspan="4"></td><td rowspan="4">测量保险丝插座端子与搭铁之间的电阻，判断保险丝线路对地是否存在短路故障</td><td colspan="3">□正常　□异常</td></tr>
<tr><td>测量位置</td><td>测量值</td><td>标准值</td></tr>
<tr><td>EF01</td><td>____ Ω</td><td>____ Ω</td></tr>
<tr><td>IF18</td><td>____ Ω</td><td>____ Ω</td></tr>
<tr><td colspan="5">检测分析：</td></tr>
</table>

9. 检查 BMS 控制器线束连接器侧电源电压。

作业图例	作业内容	完成情况
	断开 BMS 控制器线束连接器 CA69	□是　□否

续表

<table>
<tr><th>作业图例</th><th>作业内容</th><th colspan="3">完成情况</th></tr>
<tr><td> </td><td>连接蓄电池负极</td><td colspan="3">□是　□否</td></tr>
<tr><td rowspan="2"> 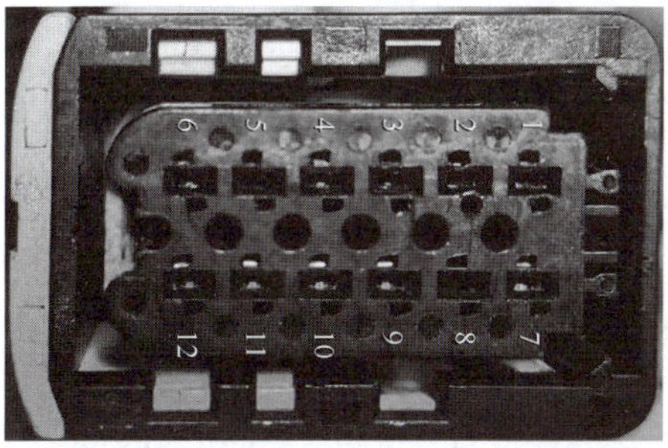</td><td rowspan="2">测量线束连接器CA69/（　　）与接地电压</td><td>测量值</td><td>标准值</td><td>判断</td></tr>
<tr><td>____V</td><td>____V</td><td>□正常
□异常</td></tr>
<tr><td> 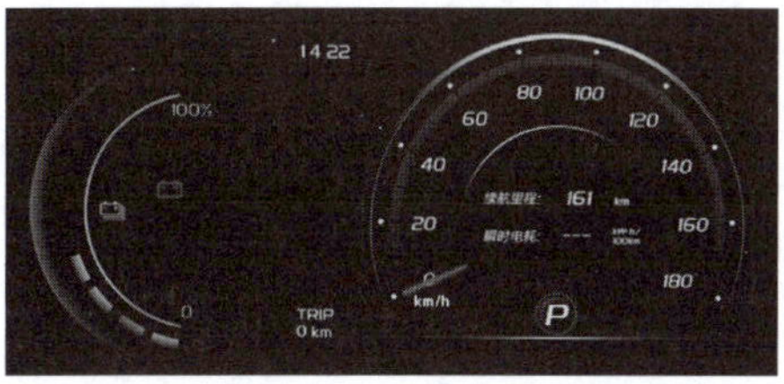</td><td>将起动开关打至ON挡</td><td colspan="3">□是　□否</td></tr>
</table>

作业图例	作业内容	完成情况		
	测量线束连接器CA69/（　）与接地电压	测量值	标准值	判断
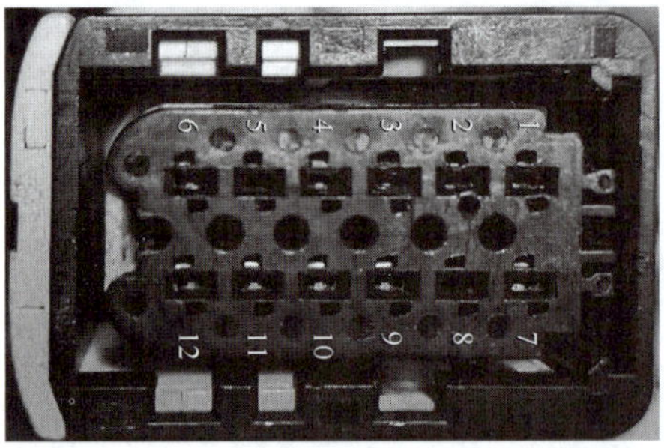		____V	____V	□正常 □异常

10. 故障恢复并验证。

作业图例	作业内容	完成情况
	连接蓄电池负极	□是　□否
	踩下制动踏板，打开起动开关	□是　□否

续表

作业图例	作业内容	完成情况
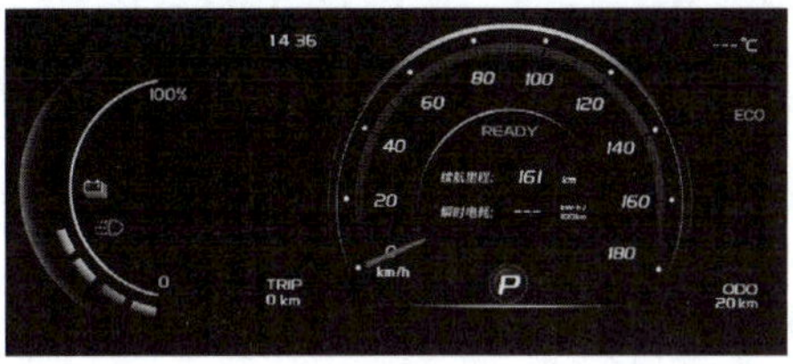	观察仪表显示是否正常	□是　□否
	整车能否上电	□能　□不能
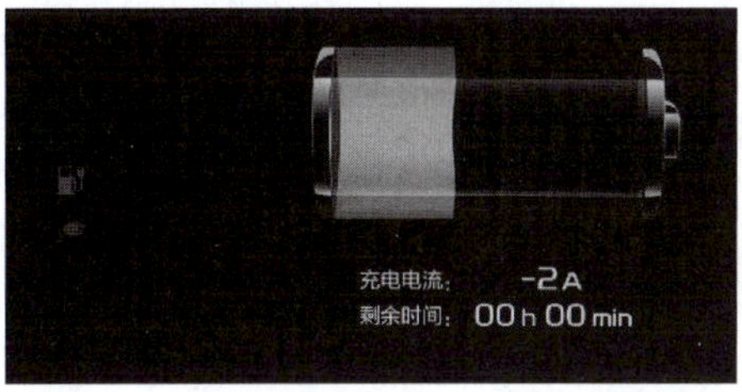	交流慢充能否充电	□能　□不能
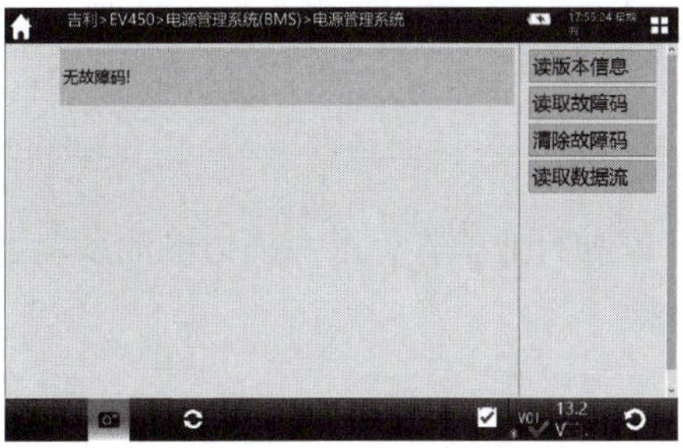	连接故障诊断仪，读取并清除故障码	□是　□否
验证分析：		

11. 恢复场地。

作业图例	作业内容	完成情况
	关闭车辆起动开关	□是　□否
	收起并整理防护四件套	□是　□否
	关闭测量平台一体机	□是　□否
	关闭测量平台电源开关	□是　□否
	清洁并整理测量平台	□是　□否
	清洁防护用具并归位	□是　□否
	清洁整理仪器设备与工具	□是　□否
	清洁实训场地	□是　□否
	收起安全警示牌	□是　□否
	收起安全围挡	□是　□否

学习活动 5　质量检查

建议学时：1 学时。

学习要求：能根据动力电池系统检测要求，按厂家和行业检查标准对动力电池系统运行情况进行检查，在项目检查工单上填写评价结果。

具体要求：

1. 自我评价或小组评价。

序号	检查项目	权重	自我评价
1	信息收集完成情况	20	
2	制订计划合理性	10	
3	实施过程完成的正确性	45	
4	学生在实施过程中的参与程度	15	

续表

序号	检查项目	权重	自我评价
5	安全防护与6S操作	10	
总成绩			

2. 自我反思或小组反思：根据自己在课堂上的实际表现进行自我反思。

____

____

____

____

____

学习活动6 评价反馈

建议学时：1学时。

学习要求：能讲述BMS的类型、组件、安装位置、工作原理、控制电路及各端子含义，能正确连接诊断仪并读取相关数据、对动力电池系统进行分析和对数据流进行分析，在检查结束后及时记录、反思、评价、存档，总结工作经验，分析不足，提出改进措施，注重自主学习与提升。

具体要求：

1. 实训过程评分。

实训指导教师按下述评分标准检查本组作业结果。

项目	内容	评分标准	得分
知识点（30分）	认知BMS的类型、组件、安装位置（10分）	视操作情况扣分	
	掌握BMS的工作原理（10分）	正确表述BMS上下电控制策略，不熟悉视情扣分	
	熟悉BMS控制电路及各端子含义（10分）	端子错误每项扣3分	

续表

项目	内容	评分标准	得分
技能点（45 分）	基本检查和故障现象确认（10 分）	视完成情况扣分	
	正确读取故障码和数据流并进行故障范围分析（10 分）	视完成情况扣分	
	正确制订计划并进行故障诊断与排除（25 分）	测量点每错误一项扣 5 分	
素质点（25 分）	严格执行操作规范（10 分）	视不规范情况扣分	
	任务完成的熟练程度（10 分）	视完成情况扣分	
	6S 管理（5 分）	视完成情况扣分	
总分			

2. 改进与提升。

实训指导教师检查本组作业结果，针对实训过程出现的问题提出改进措施与提升训练计划。

（1）改进措施。

____

____

____

____

____

____

（2）提升训练计划。

____

____

____

____

____

____

纽约时报在5月16日发表了一篇文章，声称“中国是电池领域的唯一赢家”。这一声明引起了广泛的关注和讨论。中国的电动车电池产业在全球范围内占据了什么样的地位，是怎样成为领军者的呢？

从2010年开始，中国抓住了机遇，在电动车电池领域实现了飞跃。当时，新能源已被全球公认为是继传统能源之后的发展方向，汽车行业也开始步入新能源时代。不过，各国对于新能源的发展策略不同，有的主张改变现有技术，有的则认为应该在锂离子电池的基础上进行技术攻关。

日本的电池研发商当时将所有注意力都放在了氢燃料电池领域，认为这是一个跨时代的新技术。尽管在2014年，日本的松下企业成为特斯拉的电池供应商，但是日本过分关注氢燃料电池，导致锂离子电池的研究进度变得缓慢，随着世界各国在锂离子电池技术上取得突破，松下公司逐渐被中国赶超。

2017年，中国的宁德时代成为全球动力电池厂商的领袖，这是中国前所未有的成就，也让中国人民备感骄傲。到2019年，因为不愿放弃氢燃料电池，松下再次被韩国超越。

此后，曾经在电池领域一直位列第一的日本被多个国家逐渐超越，彻底失去了垄断地位。这为中国提供了一个千载难逢的机会，中国及时抓住了这个机会，在新能源汽车领域实施了一系列政策，最终赢得了胜利。

学习任务二　动力电池管理系统通信故障与排除

学习目标

1. 掌握 BMS 组成与工作原理、BMS 通信拓扑结构及线路；
2. 能正确查阅电路图；
3. 能正确利用仪器设备对 BMS 通信故障进行检修。

素质目标

1. 严格执行企业检修标准流程；
2. 严格执行企业 6S 管理制度；
3. 培养严谨求实的工匠精神、热爱劳动的好品质。

建议学时

9~12 学时。

工作情境描述

小刘是新能源汽车服务站一名员工，负责新能源汽车检修工作，现有一辆 2018 款吉利帝豪 EV450 电动汽车仪表故障灯点亮，显示“电量不足，请及时充电”，车辆无法上电、无法充电。主管安排小刘对该车故障进行诊断与排除。

工作流程与活动

学习活动 1　接受任务

建议学时：1 学时。

学习要求：掌握 BMS 组成与工作原理、BMS 通信拓扑结构及线路；能正确查阅电路图；能正确利用仪器设备对 BMS 通信故障进行检修。

具体要求：

1. 进行作业前准备。

（1）作业前现场环境检查。

（2）防护用具检查。

（3）仪表工具检查。

（4）测量绝缘地垫绝缘电阻。

2. 登记车辆基本信息。

项目	内容		完成情况
品牌			□是　□否
VIN			□是　□否
生产日期			□是　□否
动力电池	型号：	额定容量：	□是　□否
驱动电机	型号：	额定功率：	□是　□否
行驶里程		km	□是　□否

学习活动 2　信息收集

建议学时：1~2 学时。

学习要求：通过查找相关信息，掌握 BMS 组成与工作原理、BMS 通信拓扑结构及线路；能正确查阅电路图；能正确利用仪器设备对 BMS 通信故障进行检修。

具体要求：

1. 查阅吉利 EV450 电路图，BMS 控制器通信线路图所在页码为________，总线通信系统（PT-CAN）电路图所在页码为________。

2. 画出 EV450 BMS 控制器总线通信线路简图。

3. BMS 控制器通过 P-CAN 连接至________，BMS 连接器的 P-CAN（H）端子为________（颜色　　），P-CAN（L）端子为________（颜色　　）。

4. BMS 控制器供电保险分别有________、________，额定电流为________A。

5. 查阅维修手册，列举 BMS 通信故障主要故障代码及含义。

故障代码	含义
U111487	
U111587	
U011087	
U3472-87	
U0064-88	

学习活动 3　制订计划

建议学时：1 学时。

学习要求：能与相关人员进行专业有效的沟通，根据动力电池管理系统 BMS 通信故障检修的相关知识，制订相应的任务计划。

具体要求：

1. 根据动力电池管理系统 BMS 通信故障检修任务，制订相应的任务计划。

作业流程		
序号	作业项目	操作要点
1	基本检查	
2	故障现象确认	
3	读取故障代码、数据流	
4	故障范围分析	
5	检查 BMS 供电电源保险丝 EF01 和 IF18 是否熔断	
6	检查保险丝 EF01 和 IF18 线路是否有对地短路现象	

续表

序号	作业项目	操作要点
7	检查 BMS 控制器线束连接器侧电源电压	
8	检查 BMS 控制器线束连接器接地端子的导通性	
9	检查 BMS 与整车控制器（Vehicle Control Unit，VCU）之间 CAN 总线的导通性	
10	测量 BMS CAN 总线通信信号波形	
11	故障恢复并验证	
12	整理恢复场地	
计划审核	审核意见： 年 月 日 签字	

2. 请根据动力电池管理系统 BMS 通信故障检修的作业计划，完成小组成员任务分工。

主操作人		记录员	
监护人		展示员	
检测设备/工具/材料			
序号	名称	数量	清点
1	纯电动新能源汽车	1 辆	□已清点
2	安全帽	1 个	□已清点
3	护目镜	1 副	□已清点
4	绝缘鞋	1 双	□已清点

续表

序号	名称	数量	清点
5	绝缘手套	1 双	□已清点
6	诊断仪	1 个	□已清点
7	万用表	1 个	□已清点
8	放电工装	1 套	□已清点
9	绝缘检测仪	1 个	□已清点

学习活动 4　计划实施

建议学时：4~6 学时。

学习要求：能根据制订的工作方案，进行基本检查，故障现象确认，读取故障代码、数据流，故障范围分析，检查 BMS 供电电源保险 EF01 和 IF18 是否熔断，检查保险丝 EF01 和 IF18 线路是否有对地短路现象，检查 BMS 控制器线束连接器侧电源电压，检查 BMS 控制器线束连接器接地端子导通性，检查 BMS 与 VCU 之间 CAN 总线的导通性，测量 BMS CAN 总线通信信号波形、故障恢复并验证、恢复场地等工作。

具体要求：

1. 基本检查。

作业图例	作业内容	完成情况		
		测量值	测量值	判断
	蓄电池电压	____V	____V	□正常 □异常

续表

作业图例	作业内容	完成情况
	高压部件及其连接器情况	□正常　□异常
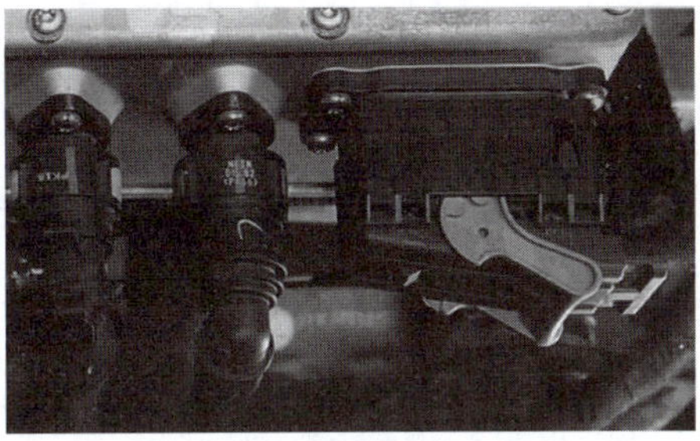	低压部件及其连接器情况	□正常　□异常

2. 故障现象确认。

<table>
<tr><th>作业图例</th><th>作业内容</th><th colspan="2">完成情况</th></tr>
<tr><td rowspan="7"> 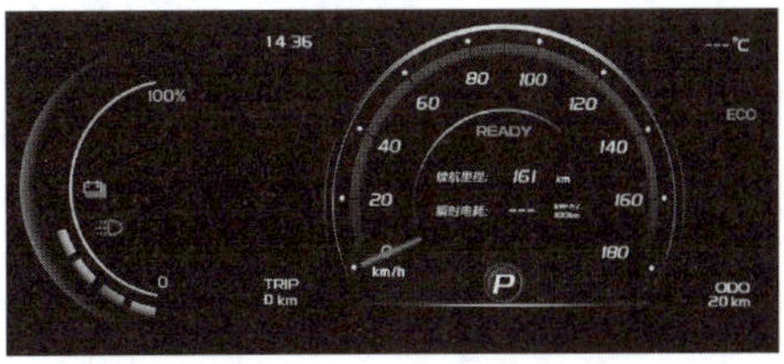</td><td>踩下制动踏板，打开点火开关</td><td colspan="2">□是　□否</td></tr>
<tr><td rowspan="6">观察仪表现象</td><td>显示</td><td>判断</td></tr>
<tr><td></td><td>□正常　□异常</td></tr>
<tr><td></td><td>□正常　□异常</td></tr>
<tr><td></td><td>□正常　□异常</td></tr>
<tr><td></td><td>□正常　□异常</td></tr>
<tr><td></td><td>□正常　□异常</td></tr>
</table>

续表

作业图例	作业内容	完成情况
	整车能否上电	□能　□不能
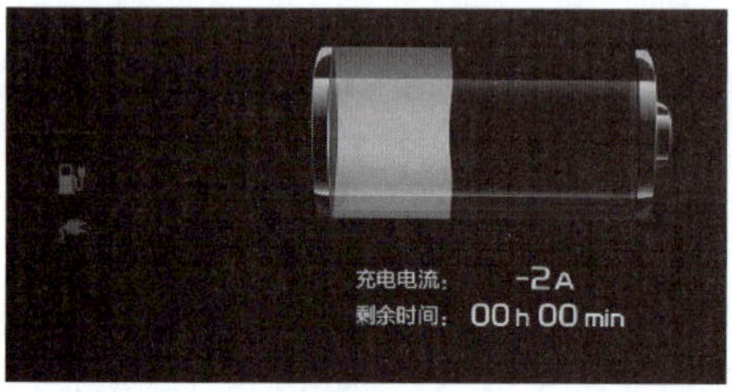	交流慢充能否充电	□能　□不能

3. 读取故障代码、数据流。

作业图例	作业内容	完成情况
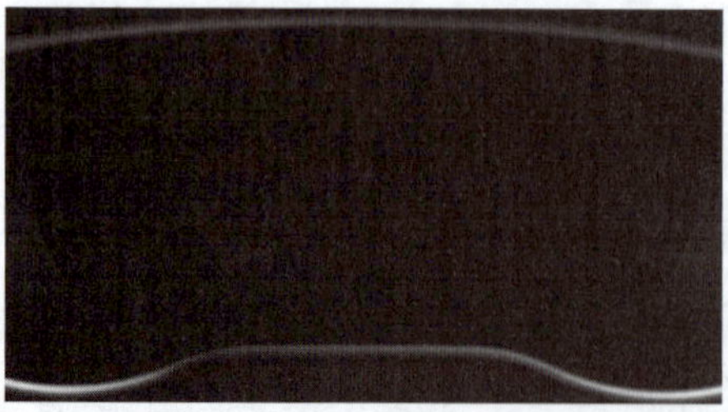	关闭点火开关	□是　□否

续表

<table>
<tr><th>作业图例</th><th>作业内容</th><th colspan="2">完成情况</th></tr>
<tr><td rowspan="2"> 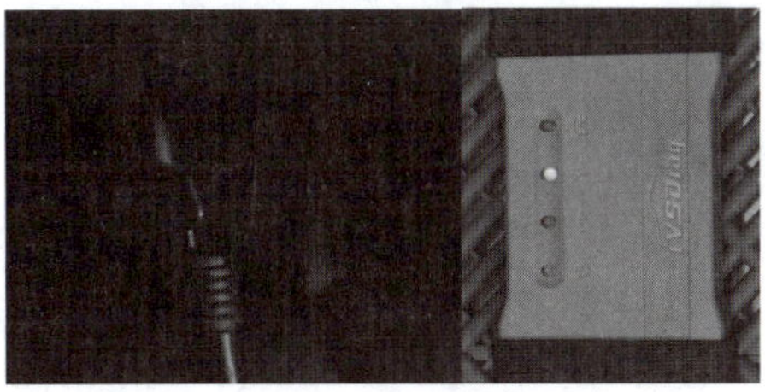</td><td>将 OBD Ⅱ 测量线连接至 VCI 设备</td><td colspan="2">□能　□不能</td></tr>
<tr><td>连接车辆 OBD 诊断座，VCI 设备电源指示灯亮起</td><td colspan="2">□能　□不能</td></tr>
<tr><td> 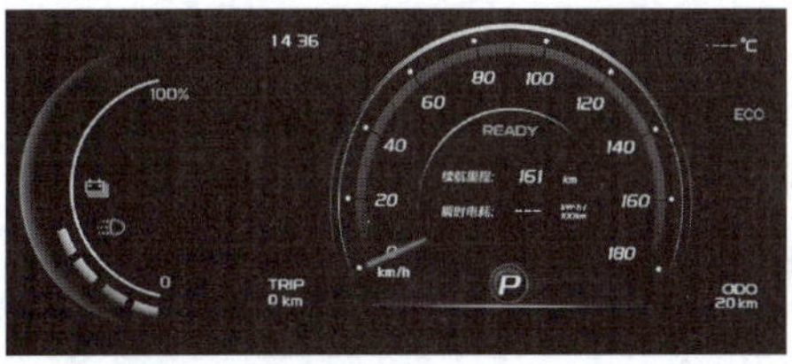</td><td>打开点火开关</td><td colspan="2">□是　□否</td></tr>
<tr><td rowspan="8"> </td><td rowspan="8">选择相应车型并读取故障代码</td><td>故障代码</td><td>含义</td></tr>
<tr><td></td><td></td></tr>
<tr><td></td><td></td></tr>
<tr><td></td><td></td></tr>
<tr><td></td><td></td></tr>
<tr><td></td><td></td></tr>
<tr><td></td><td></td></tr>
<tr><td></td><td></td></tr>
</table>

续表

作业图例	作业内容	完成情况	
	读取与故障相关数据流	故障代码	含义

4. 故障范围分析。

思维导图

5. 检查 BMS 供电电源保险 EF01 和 IF18 是否熔断。

作业图例	作业内容	完成情况
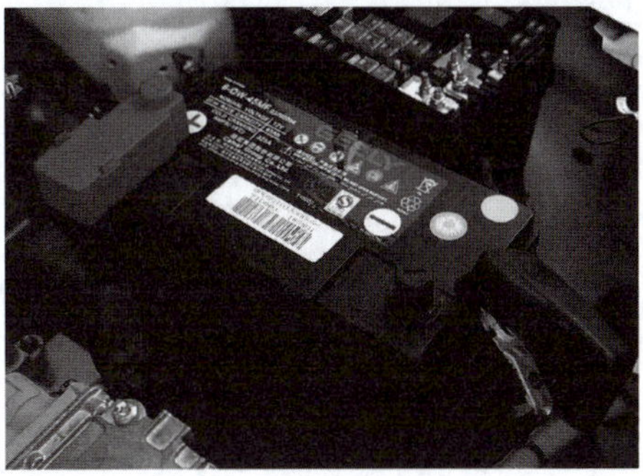	把起动开关打至 OFF 挡，拆下蓄电池负极	□是　□否
 EF01	拔下保险 EF01	□是　□否
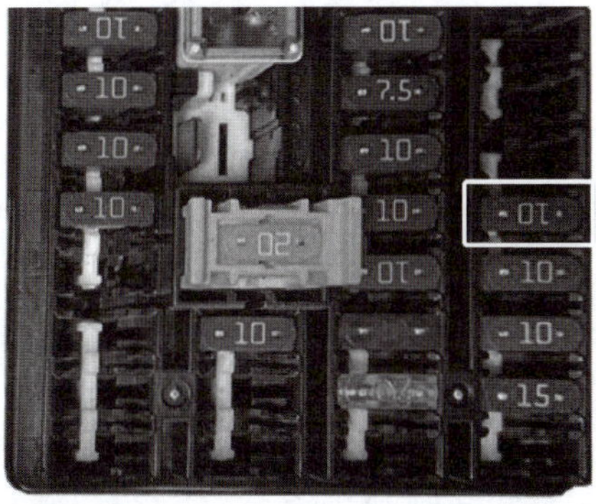	拔下保险 IF18	□是　□否

续表

<table>
<tr><th>作业图例</th><th>作业内容</th><th colspan="3">完成情况</th></tr>
<tr><td rowspan="4"></td><td rowspan="4">测量保险丝电阻值，判断保险丝是否损坏</td><td colspan="3">□正常　□异常</td></tr>
<tr><td>测量位置</td><td>测量值</td><td>标准值</td></tr>
<tr><td>EF01</td><td>____ Ω</td><td>____ Ω</td></tr>
<tr><td>IF18</td><td>____ Ω</td><td>____ Ω</td></tr>
<tr><td colspan="5">检测分析：</td></tr>
</table>

6. 检查保险丝 EF01 和 IF18 线路是否有对地短路现象。

作业图例	作业内容	完成情况
	把起动开关打至 OFF 挡，拆下蓄电池负极	□是　□否

续表

<table>
<tr><th>作业图例</th><th>作业内容</th><th colspan="3">完成情况</th></tr>
<tr><td rowspan="4"></td><td rowspan="4">测量保险丝插座端子与搭铁之间的电阻，判断保险丝线路对地是否存在短路故障</td><td>测量位置</td><td>测量值</td><td>标准值</td></tr>
<tr><td>EF01</td><td>____ Ω</td><td>____ Ω</td></tr>
<tr><td>IF18</td><td>____ Ω</td><td>____ Ω</td></tr>
<tr><td colspan="3">□正常　□异常</td></tr>
<tr><td colspan="5">检测分析：</td></tr>
</table>

7. 检查 BMS 控制器线束连接器侧电源电压。

作业图例	作业内容	完成情况
	断开 BMS 控制器线束连接器 CA69	□是　□否

<table>
<tr><th>作业图例</th><th>作业内容</th><th colspan="3">完成情况</th></tr>
<tr><td></td><td>连接蓄电池负极</td><td colspan="3">□是　□否</td></tr>
<tr><td rowspan="2"></td><td rowspan="2">常电测量：测量线束连接器 CA69/(　　)与接地电压</td><td>测量值</td><td>标准值</td><td>判断</td></tr>
<tr><td>____ V</td><td>____ V</td><td>□正常
□异常</td></tr>
<tr><td></td><td>将起动开关打至 ON 挡</td><td colspan="3">□是　□否</td></tr>
</table>

续表

<table>
<tr><th>作业图例</th><th>作业内容</th><th colspan="3">完成情况</th></tr>
<tr><td rowspan="2"></td><td rowspan="2">IG 电源测量：测量线束连接器 CA69/（　　）与接地电压</td><td>测量值</td><td>标准值</td><td>判断</td></tr>
<tr><td>____ V</td><td>____ V</td><td>□正常
□异常</td></tr>
</table>

8. 检查 BMS 控制器线束连接器接地端子导通性。

<table>
<tr><th>作业图例</th><th>作业内容</th><th colspan="3">完成情况</th></tr>
<tr><td></td><td>把起动开关打至 OFF 挡，拆下蓄电池负极</td><td colspan="3">□是　□否</td></tr>
<tr><td rowspan="2"></td><td rowspan="2">测量线束连接器 CA69/（　　）与搭铁电阻</td><td>测量值</td><td>标准值</td><td>判断</td></tr>
<tr><td>____ Ω</td><td>____ Ω</td><td>□正常
□异常</td></tr>
</table>

9. 检查 BMS 与 VCU 之间 CAN 总线的导通性。

<table>
<tr><th>作业图例</th><th>作业内容</th><th colspan="3">完成情况</th></tr>
<tr><td>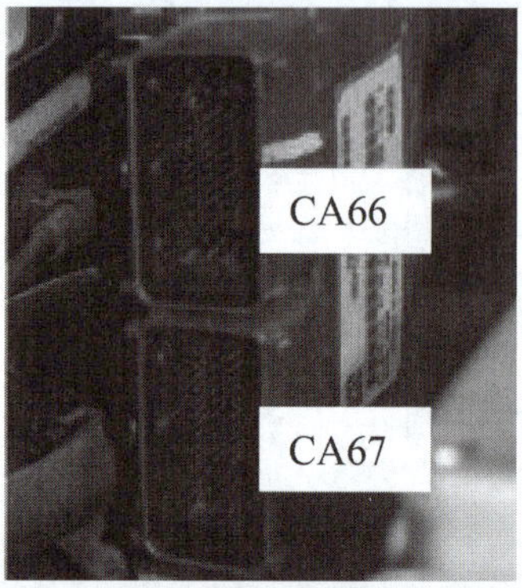
</td><td>断开 VCU 控制器线束连接器 CA66</td><td colspan="3">□是　□否</td></tr>
<tr><td rowspan="2"></td><td rowspan="2">测量线束连接器 CA69/3 与 CA66/（　　）的电阻</td><td>测量值</td><td>标准值</td><td>判断</td></tr>
<tr><td>____ Ω</td><td>____ Ω</td><td>□正常
□异常</td></tr>
<tr><td rowspan="2"></td><td rowspan="2">测量线束连接器 CA69/4 与 CA66/（　　）的电阻</td><td>测量值</td><td>标准值</td><td>判断</td></tr>
<tr><td>____ Ω</td><td>____ Ω</td><td>□正常
□异常</td></tr>
<tr><td colspan="5">检测分析：</td></tr>
</table>

10. 测量 BMS CAN 总线通信信号波形。

作业图例	作业内容	完成情况
	连接线束连接器 CA69	□是 □否
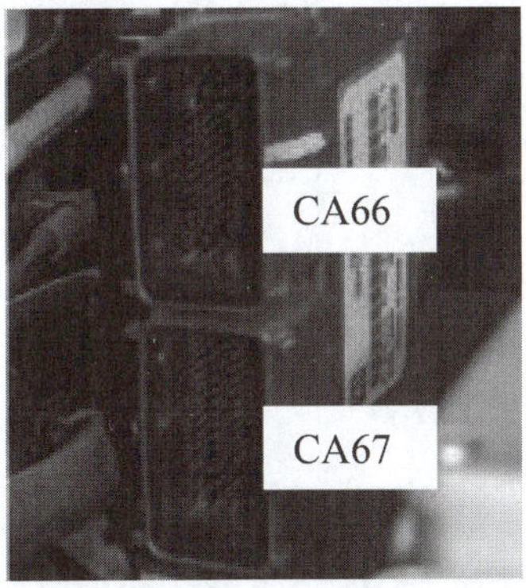	连接线束连接器 CA66	□是 □否
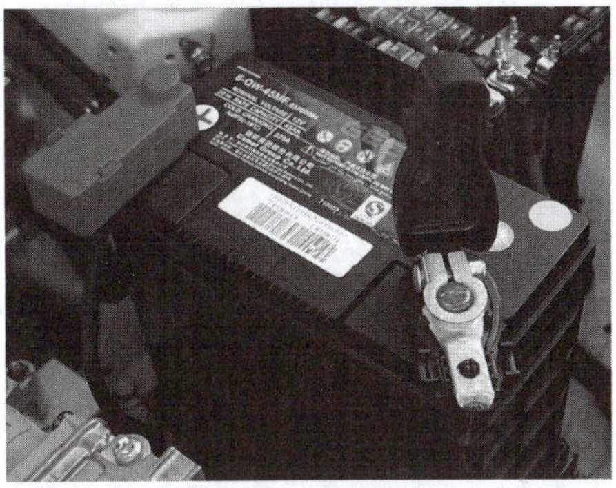	连接蓄电池负极	□是 □否
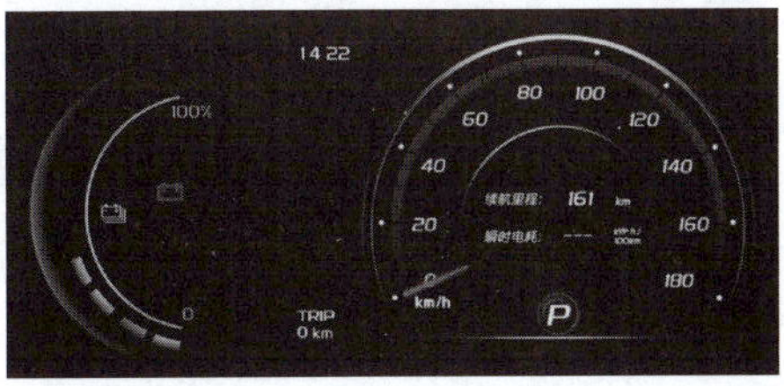	将起动开关打至 ON 挡	□是 □否

续表

作业图例		作业内容	完成情况
波形测量（测量对象）：测量线束连接器 CA69/3 与搭铁的信号波形			
实测波形		标准波形	
波形测量（测量对象）：测量线束连接器 CA69/4 与搭铁的信号波形			
实测波形		标准波形	
检测分析：			

11. 故障恢复并验证。

作业图例	作业内容	完成情况
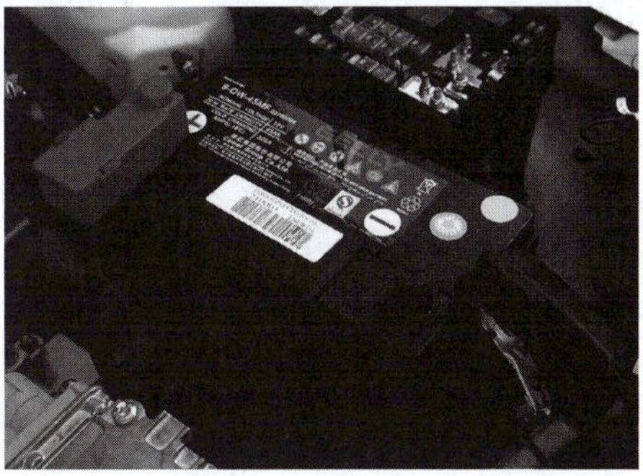	连接蓄电池负极	□是　□否
	踩下制动踏板，打开起动开关	□是　□否
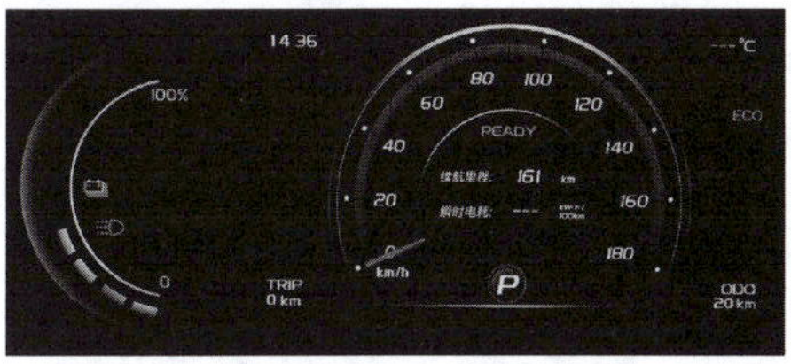	观察仪表显示是否正常	□是　□否
	整车能否上电	□能　□不能

续表

作业图例	作业内容	完成情况
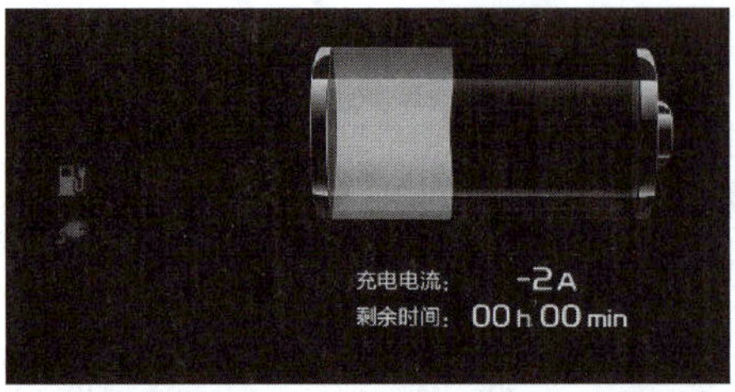 充电电流： -2A 剩余时间： 00h 00min	交流慢充能否充电	□能　□不能
 吉利>EV450>电源管理系统(BMS)>电源管理系统 无故障码! 读版本信息 读取故障码 清除故障码 读取数据流	连接故障诊断仪，读取并清除故障代码	□是　□否
验证分析：		

12. 整理恢复场地。

作业图例	作业内容	完成情况
	关闭车辆起动开关	□是　□否
	收起并整理防护四件套	□是　□否
	关闭测量平台一体机	□是　□否
	关闭测量平台电源开关	□是　□否
	清洁并整理测量平台	□是　□否
	清洁防护用具并归位	□是　□否
	清洁整理仪器设备与工具	□是　□否
	清洁实训场地	□是　□否
	收起安全警示牌	□是　□否
	收起安全围挡	□是　□否

学习活动 5 质量检查

建议学时：1 学时。

学习要求：能根据纯电动动力电池的认知要求，按指导教师和行业规范标准进行作业，在项目工单上填写评价结果。

具体要求：

请指导教师检查本组作业结果，并针对作业过程出现的问题提出改进措施及建议。

序号	评价标准	评价结果
1	基本检查是否规范	
2	故障现象确认是否正确	
3	读取故障代码、数据流是否规范	
4	故障范围分析是否正确	

续表

序号	评价标准	评价结果
5	检查 BMS 供电电源保险 EF01 和 IF18 是否熔断，作业是否规范	
6	检查熔断器 EF01 和 IF18 线路是否有对地短路现象，作业是否规范	
7	检查 BMS 控制器线束连接器侧电源电压作业是否规范	
8	检查 BMS 控制器线束连接器接地端子导通性作业是否规范	
9	检查 BMS 与 VCU 之间 CAN 总线的导通性作业是否规范	
10	测量 BMS CAN 总线通信信号波形作业是否规范	
11	故障恢复并验证是否规范	
12	恢复场地是否规范	
综合评价	☆ ☆ ☆ ☆ ☆	
综合评语（作业问题及改进建议）		

学习活动 6 评价反馈

建议学时：1 学时。

学习要求：能够说出动力电池的发展简史；能说出锂离子动力电池的类型、性能、结构和工作原理；能说出三种动力电池的性能，并说明应用特点，能应用动力电池的参数及性能指标判定纯电动汽车动力电池的种类及性能特点，在作业结束后及时记录、反思、评价、存档，总结工作经验，分析不足，提出改进措施，注重自主学习与提升。

具体要求：

1. 请根据自己在课堂中的实际表现进行自我反思和自我评价。

自我反思：____

____

____。

自我评价：____

____

____。

2. 请教师根据学生在课堂中的实际表现进行评价打分。

项目	内容	评分标准	得分
知识点（30 分）	认知动力电池和锂离子电池的种类（10 分）	正确表述种类和名称	
	了解动力电池箱的结构（10 分）	正确描述动力电池箱的结构	
	熟悉各种动力电池的标称电压和 EV450 动力电池总成性能参数（10 分）	正确表述动力电池的标称电压和 EV450 动力电池总成的性能参数，错一项扣 2 分	
技能点（45 分）	正确完成准备工作（5 分）	视完成情况扣分	
	正确搜集车辆信息（5 分）	视完成情况扣分	
	正确找到动力电池的位置（5 分）	视完成情况扣分	
	正确检查动力电池箱的外观（10 分）	视完成情况扣分	
	检查动力电池螺栓的紧固状态（5 分）	视完成情况扣分	
	正确检查动力电池外部高低压插接件（15 分）	视完成情况扣分	
素质点（25 分）	严格执行操作规范（10 分）	视不规范情况扣分	
	任务完成的熟练程度（10 分）	视完成情况扣分	
	6S 管理（5 分）	视完成情况扣分	
总分（满分 100 分）			

思政园地

目前主流国产纯电汽车的BMS配套企业：

我国BMS企业大体分为几种类型：电池厂自营、整车厂自营、第三方经营。BMS系统的成本约占电池组总成本的20%。

电池厂自营类的，目前国内第一梯队动力电池企业有：宁德时代、中信国安盟固利、国轩高科、微宏动力等，它们掌握整套核心技术优势，有很强的市场竞争力。

整车厂自营的，以比亚迪、北汽新能源、中通客车为代表，除了掌握核心技术，在成本方面也比其他企业有优势。

第三方提供的代表企业有东莞钜威动力、惠州市亿能电子、深圳科列技术等企业。

问题：新能源汽车为什么需要BMS？BMS有什么功能？

学习任务三　动力电池管理系统碰撞信号故障与排除

学习目标

1. 掌握 BMS 组成与工作原理、BMS 碰撞信号作用与工作过程；
2. 能正确查阅电路图；
3. 能正确利用仪器设备对 BMS 碰撞信号故障进行检修。

素质目标

1. 严格执行企业检修标准流程；
2. 严格执行企业 6S 管理制度；
3. 培养严谨求实的工匠精神、热爱劳动的好品质。

建议学时

9~12 学时。

工作情境描述

小刘是新能源汽车服务站的一名员工，负责新能源汽车检修工作，现有一辆 2018 款吉利帝豪 EV450 电动汽车踩下制动踏板，把点火开关打至 ON 挡，仪表中“安全气囊故障指示灯”“故障提醒警告灯”亮起。同时“READY”指示灯亮起，车辆上电正常。踩下制动踏板，操纵换挡杆，车辆能进入 D 挡，松开制动踏板，车辆能正常行驶。需要对该车故障进行诊断与排除。

工作流程与活动

学习活动 1　接受任务

建议学时：1 学时。

学习要求：掌握 BMS 组成与工作原理、BMS 碰撞信号作用与工作过程；能正确查阅电路图；能正确利用仪器设备对 BMS 碰撞信号故障进行检修。

具体要求：

1. 进行作业前准备。

（1）作业前现场环境检查。

（2）防护用具检查。

（3）仪表工具检查。

（4）测量绝缘地垫绝缘电阻。

2. 登记车辆基本信息。

项目	内容		完成情况
品牌			□是 □否
VIN			□是 □否
生产日期			□是 □否
动力电池	型号：	额定容量：	□是 □否
驱动电机	型号：	额定功率：	□是 □否
行驶里程		km	□是 □否

学习活动 2 信息收集

建议学时：1~2 学时。

学习要求：通过查找相关信息，能够掌握 BMS 组成与工作原理、BMS 碰撞信号作用与工作过程；能正确查阅电路图；能正确利用仪器设备对 BMS 碰撞信号故障进行检修。

具体要求：

1. 根据吉利 EV450 碰撞信号工作原理，在框中填出相关部件的名称。

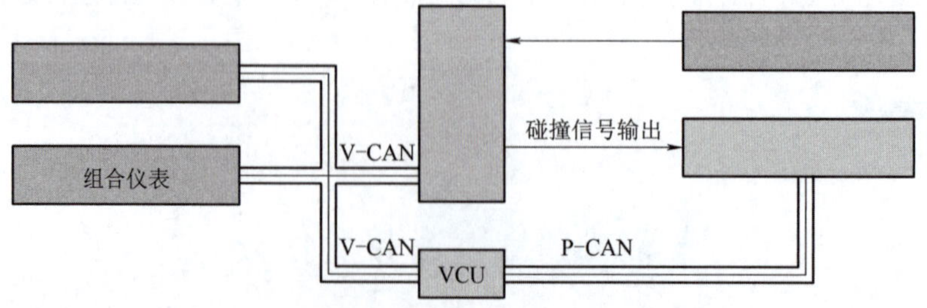

2. 查阅吉利 EV450 电路图，BMS 碰撞信号线路图所在页码为________，BMS 监测碰撞

信号的端子为________，端子线束颜色为________。

3. 画出 BMS 碰撞信号线路简图。

学习活动 3 制订计划

建议学时：1 学时。

学习要求：能与相关人员进行专业有效的沟通，根据动力电池总成漏电检测的相关知识，制订相应的任务计划。

具体要求：

1. 根据动力电池总成漏电检测任务，制订相应的任务计划。

作业流程		
序号	作业项目	操作要点
1	基本检查	
2	故障现象确认	
3	读取故障代码、数据流	
4	故障范围分析	
5	用示波器检查碰撞信号波形	
6	检查 ACU 与中间连接器 IP02a 之间线路故障	
7	检查 BMS 与中间连接器 CA01a 之间线路故障	
8	故障恢复验证	

续表

<table>
<tr><th colspan="3">作业流程</th></tr>
<tr><td>9</td><td>整理恢复场地</td><td></td></tr>
<tr><td>计划审核</td><td colspan="2">审核意见：

年　月　日　签字</td></tr>
</table>

2. 请根据动力电池总成漏电检测的作业计划，完成小组成员任务分工。

<table>
<tr><th>主操作人</th><td colspan="2"></td><th>记录员</th><td></td></tr>
<tr><th>监护人</th><td colspan="2"></td><th>展示员</th><td></td></tr>
<tr><th colspan="5">检测设备/工具/材料</th></tr>
<tr><th>序号</th><th colspan="2">名称</th><th>数量</th><th>清点</th></tr>
<tr><td>1</td><td colspan="2">纯电动新能源汽车</td><td>1 辆</td><td>□已清点</td></tr>
<tr><td>2</td><td colspan="2">安全帽</td><td>1 个</td><td>□已清点</td></tr>
<tr><td>3</td><td colspan="2">护目镜</td><td>1 副</td><td>□已清点</td></tr>
<tr><td>4</td><td colspan="2">绝缘鞋</td><td>1 双</td><td>□已清点</td></tr>
<tr><td>5</td><td colspan="2">绝缘手套</td><td>1 双</td><td>□已清点</td></tr>
<tr><td>6</td><td colspan="2">诊断仪</td><td>1 个</td><td>□已清点</td></tr>
<tr><td>7</td><td colspan="2">万用表</td><td>1 个</td><td>□已清点</td></tr>
<tr><td>8</td><td colspan="2">放电工装</td><td>1 套</td><td>□已清点</td></tr>
<tr><td>9</td><td colspan="2">绝缘检测仪</td><td>1 个</td><td>□已清点</td></tr>
</table>

学习活动 4 计划实施

建议学时：4~6 学时。

学习要求：能根据制订的工作方案，进行基本检查，故障现象确认，读取故障代码、数据流，故障范围分析，用示波器检查碰撞信号波形，检查 ACU 与中间连接器 IP02a 之间线路故障，检查 BMS 与中间连接器 CA01a 之间线路故障，故障恢复验证，恢复场地等工作。

具体要求：

1. 基本检查。

<table>
<tr><th>作业图例</th><th>作业内容</th><th colspan="3">完成情况</th></tr>
<tr><td rowspan="2"></td><td rowspan="2">蓄电池电压</td><td>测量值</td><td>测量值</td><td>判断</td></tr>
<tr><td>____V</td><td>____V</td><td>□正常
□异常</td></tr>
<tr><td></td><td>高压部件及其连接器情况</td><td colspan="3">□正常　□异常</td></tr>
</table>

续表

作业图例	作业内容	完成情况
	低压部件及其连接器情况	□正常 □异常

2. 故障现象确认。

<table>
<tr><th>作业图例</th><th>作业内容</th><th colspan="2">完成情况</th></tr>
<tr><td rowspan="7"></td><td>踩下制动踏板，打开点火开关</td><td colspan="2">□是 □否</td></tr>
<tr><td rowspan="6">观察仪表现象</td><td rowspan="2">显示</td><td>判断</td></tr>
<tr><td>□正常 □异常</td></tr>
<tr><td></td><td>□正常 □异常</td></tr>
<tr><td></td><td>□正常 □异常</td></tr>
<tr><td></td><td>□正常 □异常</td></tr>
<tr><td></td><td>□正常 □异常</td></tr>
</table>

续表

作业图例	作业内容	完成情况
	整车能否上电	□能　□不能
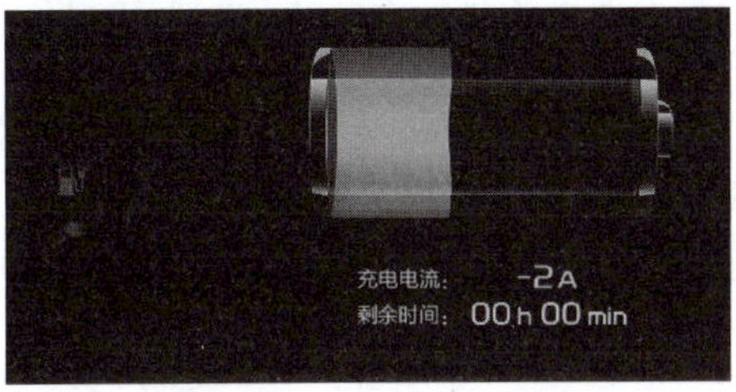	交流慢充能否充电	□能　□不能

3. 读取故障代码、数据流。

作业图例	作业内容	完成情况
	关闭点火开关	□是　□否

续表

<table>
<tr><th>作业图例</th><th>作业内容</th><th colspan="2">完成情况</th></tr>
<tr><td rowspan="2"></td><td>将 OBD Ⅱ 测量线连接至 VCI 设备</td><td colspan="2">□是　□否</td></tr>
<tr><td>连接车辆 OBD 诊断座，VCI 设备电源指示灯亮起</td><td colspan="2">□是　□否</td></tr>
<tr><td></td><td>打开点火开关</td><td colspan="2">□是　□否</td></tr>
<tr><td rowspan="8"></td><td rowspan="8">选择相应车型并读取故障代码</td><td>故障代码</td><td>含义</td></tr>
<tr><td></td><td></td></tr>
<tr><td></td><td></td></tr>
<tr><td></td><td></td></tr>
<tr><td></td><td></td></tr>
<tr><td></td><td></td></tr>
<tr><td></td><td></td></tr>
<tr><td></td><td></td></tr>
</table>

续表

作业图例	作业内容	完成情况	
吉利>EV450>电源管理系统(BMS)>电源管理系统 电池包标称容量 150.0 A·h 电池包标称能量 51.9 kW·h 标称电压 346 V 电池总数 95 电池包单次放电容量 0.0 A·h 电池包单次充电容量 0.0 A·h 电池包累计放电容量 77343 A·h 电池包累计充电容量 78360 A·h 数据捕捉 数据比较 数据选择	读取与故障相关数据流	故障代码	含义

4. 故障范围分析。

思维导图
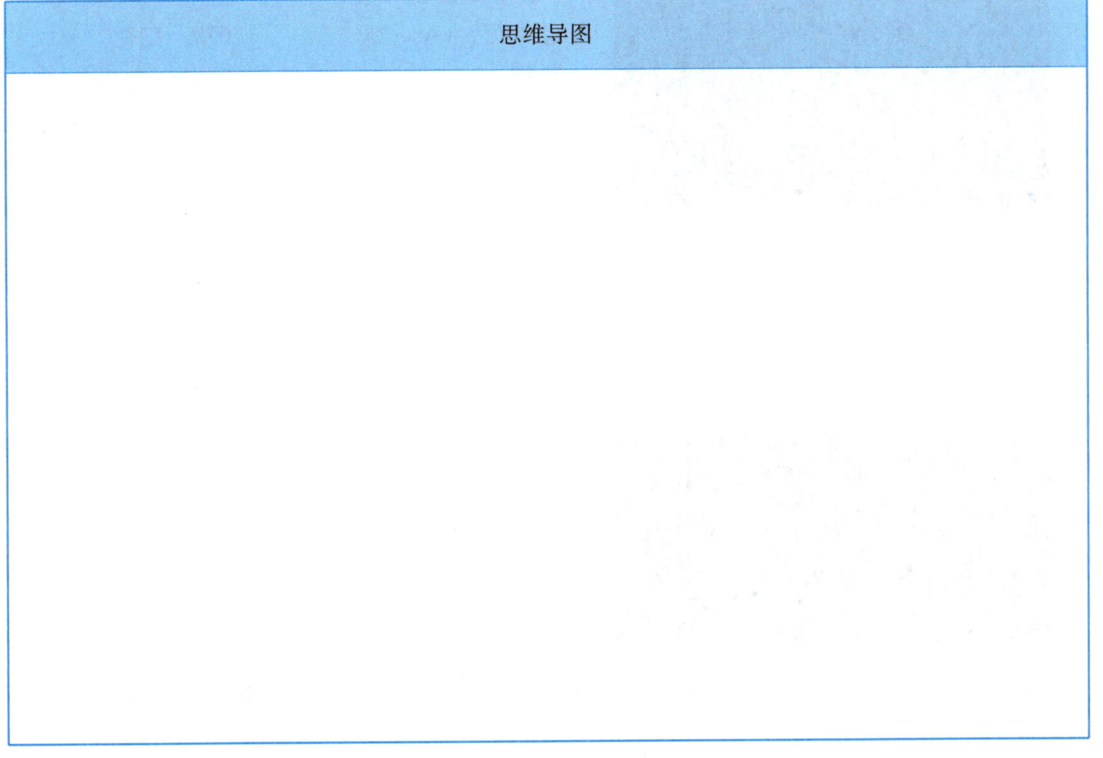

5. 用示波器检查碰撞信号波形。

作业图例	作业内容	完成情况
	把起动开关打至 OFF 挡	□是 □否
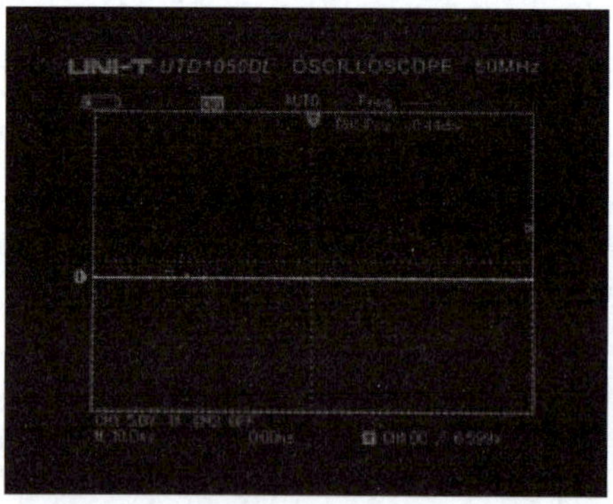	设置示波器通道 1，幅值 5 V/div，周期 10 ms	□是 □否
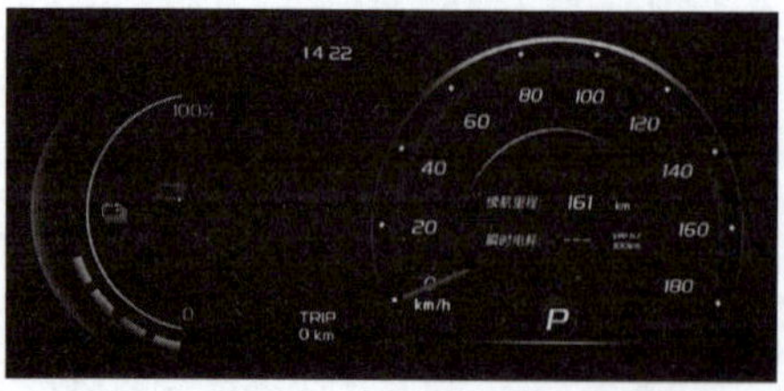	踩下制动踏板，将起动开关打至 ON 挡	□是 □否

续表

<table>
<tr><th colspan="2">作业图例</th><th>作业内容</th><th>完成情况</th></tr>
<tr><td colspan="4">波形测量（测量对象）：测量 CA69/（　　）与搭铁之间信号电压波形</td></tr>
<tr><td>实测波形</td><td></td><td>标准波形</td><td></td></tr>
<tr><td colspan="4">检测分析：</td></tr>
</table>

6. 检查 ACU 与中间连接器 IP02a 之间线路故障。

作业图例	作业内容	完成情况
	把起动开关打至 OFF 挡，拆下蓄电池负极	□是　□否

续表

<table>
<tr><th>作业图例</th><th>作业内容</th><th colspan="3">完成情况</th></tr>
<tr><td> </td><td>断开 ACU 线束连接器 IP54</td><td colspan="3">□是　□否</td></tr>
<tr><td rowspan="2"> </td><td rowspan="2">用万用表测量 IP02a/（　　）与 IP54/（　　）间电阻</td><td>测量值</td><td>测量值</td><td>判断</td></tr>
<tr><td>____Ω</td><td>____Ω</td><td>□正常
□异常</td></tr>
<tr><td rowspan="2"> </td><td rowspan="2">用万用表测量 IP02a/（　　）与车身搭铁电阻</td><td>测量值</td><td>测量值</td><td>判断</td></tr>
<tr><td>____Ω</td><td>____Ω</td><td>□正常
□异常</td></tr>
</table>

<table>
<tr><th>作业图例</th><th>作业内容</th><th colspan="3">完成情况</th></tr>
<tr><td></td><td>连接蓄电池负极，将起动开关打至ON挡</td><td colspan="3">□是 □否</td></tr>
<tr><td rowspan="2"></td><td rowspan="2">用万用表测量IP02a/（ ）与搭铁电压</td><td>测量值</td><td>测量值</td><td>判断</td></tr>
<tr><td>____V</td><td>____V</td><td>□正常
□异常</td></tr>
<tr><td colspan="5">检测分析：</td></tr>
</table>

7. 检查 BMS 与中间连接器 CA01a 之间线路故障。

<table>
<tr><th>作业图例</th><th>作业内容</th><th colspan="3">完成情况</th></tr>
<tr><td> 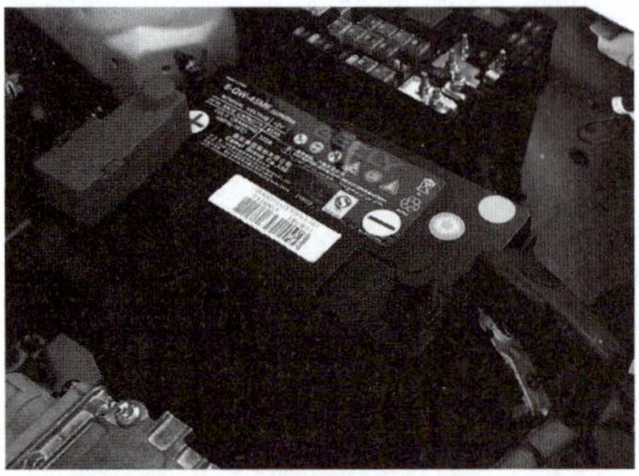</td><td>把起动开关打至 OFF 挡，拆下蓄电池负极</td><td colspan="3">□是 □否</td></tr>
<tr><td> </td><td>断开 BMS 线束连接器 CA69</td><td colspan="3">□是 □否</td></tr>
<tr><td rowspan="4"> </td><td rowspan="2">用万用表测量 CA69/（ ）与 CA01a/（ ）间电阻</td><td>测量值</td><td>测量值</td><td>判断</td></tr>
<tr><td>____ Ω</td><td>____ Ω</td><td>□正常
□异常</td></tr>
<tr><td rowspan="2">用万用表测量 CA69/（ ）与车身搭铁电阻</td><td>测量值</td><td>测量值</td><td>判断</td></tr>
<tr><td>____ Ω</td><td>____ Ω</td><td>□正常
□异常</td></tr>
</table>

续表

<table>
<tr><th>作业图例</th><th>作业内容</th><th colspan="3">完成情况</th></tr>
<tr><td></td><td>连接蓄电池负极，将起动开关打至 ON 挡</td><td colspan="3">□是 □否</td></tr>
<tr><td rowspan="2"></td><td rowspan="2">用万用表测量 CA69/（ ）与搭铁电压</td><td>测量值</td><td>测量值</td><td>判断</td></tr>
<tr><td>____ V</td><td>____ V</td><td>□正常
□异常</td></tr>
<tr><td colspan="5">检测分析：</td></tr>
</table>

8. 故障恢复并验证。

作业图例	作业内容	完成情况
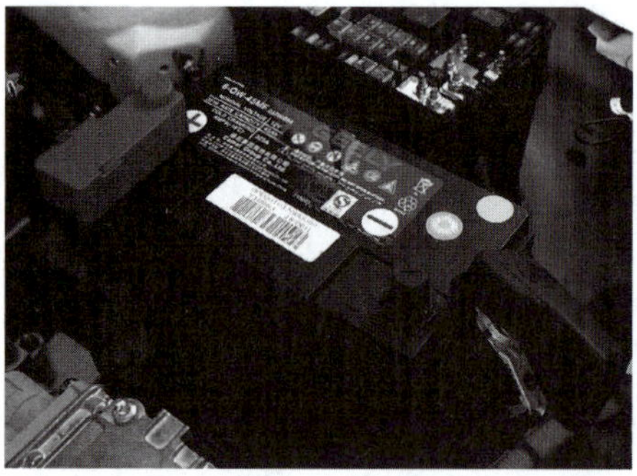	连接蓄电池负极	□是　□否
	踩下制动踏板，打开起动开关	□是　□否
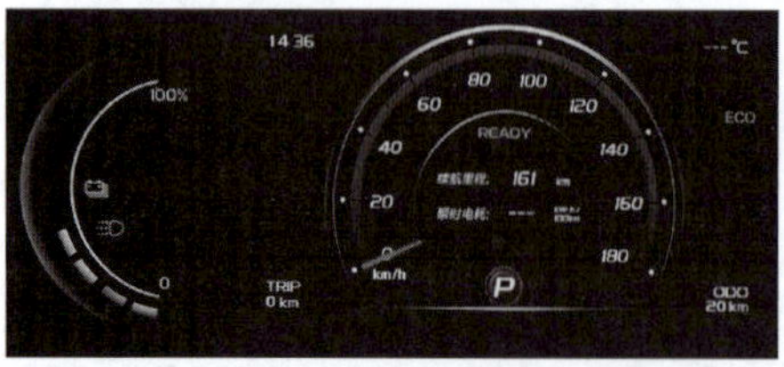	观察仪表显示是否正常	□是　□否
	整车能否上电	□能　□不能

续表

作业图例	作业内容	完成情况
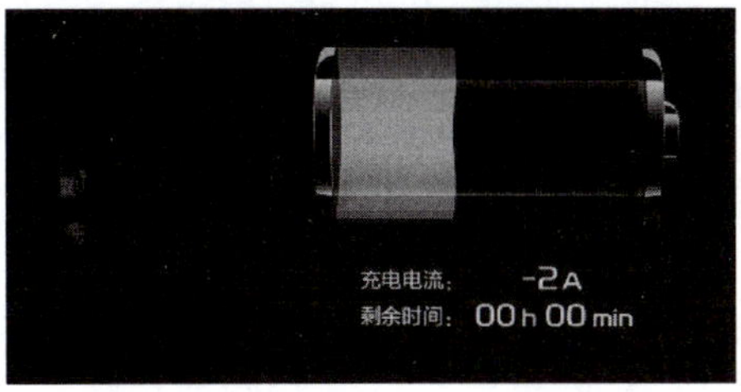 充电电流: -2A 剩余时间: 00h 00min	交流慢充能否充电	□能 □不能
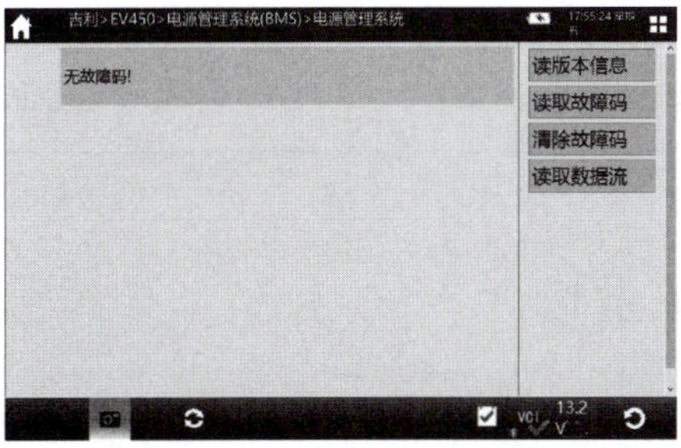 吉利 > EV450 > 电源管理系统(BMS) > 电源管理系统 无故障码! 读版本信息 读取故障码 清除故障码 读取数据流	连接故障诊断仪，读取并清除故障代码	□是 □否
验证分析：		

9. 整理恢复场地。

作业图例	作业内容	完成情况
	关闭车辆起动开关	□是　□否
	收起并整理防护四件套	□是　□否
	关闭测量平台一体机	□是　□否
	关闭测量平台电源开关	□是　□否
	清洁并整理测量平台	□是　□否
	清洁防护用具并归位	□是　□否
	清洁整理仪器设备与工具	□是　□否
	清洁实训场地	□是　□否
	收起安全警示牌	□是　□否
	收起安全围挡	□是　□否

学习活动 5　质量检查

建议学时：1 学时。

学习要求：能根据动力电池总成漏电检测要求，按指导教师和行业规范标准进行作业，在项目工单上填写评价结果。

具体要求：

请指导教师检查本组作业结果，并针对作业过程出现的问题提出改进措施及建议。

序号	评价标准	评价结果
1	基本检查是否规范	
2	故障现象确认是否正确	
3	读取故障代码、数据流是否规范	
4	故障范围分析是否正确	

续表

序号	评价标准	评价结果
5	用示波器检查碰撞信号波形作业是否规范	
6	检查 ACU 与中间连接器 IP02a 之间线路故障作业是否规范	
7	检查 BMS 与中间连接器 CA01a 之间线路故障作业是否规范	
8	故障恢复并验证是否规范	
9	恢复场地是否规范	
综合评价	☆ ☆ ☆ ☆ ☆	
综合评语（作业问题及改进建议）		

学习活动 6 评价反馈

建议学时：1 学时。

学习要求：掌握 BMS 组成与工作原理、BMS 碰撞信号作用与工作过程；能正确查阅电路图；能正确利用仪器设备对 BMS 碰撞信号故障进行检修。在作业结束后及时记录、反思、评价、存档，总结工作经验，分析不足，提出改进措施，注重自主学习与提升。

具体要求：

1. 请根据自己在课堂中的实际表现进行自我反思和自我评价。

自我反思：____

____

____。

自我评价：____

____

____。

2. 请教师根据学生在课堂中的实际表现进行评价打分。

项目	内容	评分标准	得分
知识点（30 分）	认知 BMS 碰撞信号组件安装位置（10 分）	视认知情况扣分	
	掌握 BMS 碰撞信号工作原理与控制策略（10 分）	正确表述 BMS 碰撞信号工作原理与控制过程，视掌握情况扣分	
	熟悉 BMS 碰撞信号线路及各端子含义（10 分）	端子错误每项扣 3 分	
技能点（45 分）	正确进行基本检查和故障现象确认（10 分）	视完成情况扣分	
	正确读取故障码和数据流并进行故障范围分析（10 分）	视完成情况扣分	
	正确制订计划并进行故障诊断与排除（25 分）	测量点每错误一项扣 5 分	
素质点（25 分）	严格执行操作规范（10 分）	视不规范情况扣分	
	任务完成的熟练程度（10 分）	视完成情况扣分	
	6S 管理（5 分）	视完成情况扣分	
总分（满分 100 分）			

思政园地

据中国电动汽车百人会统计相关数据，电动汽车与混合动力汽车典型安全事故中，其中已查明与电池组相关的事故达到 30%，因碰撞造成起火的 60% 确定由电池引起，可以说电池的碰撞安全性已经成为影响新能源汽车安全性的重要因素。2017 年 12 月 27 日，清华大学苏州汽车研究院尹斌在会上发表了“新能源汽车动力电池的碰撞安全研究及轻量化应用”

的主题演讲，其中提到，面向锂离子动力电池的碰撞安全设计需求，我们针对机械滥用载荷下锂离子电池的变形与失效，在组分、单体和模组三个层次上开展了试验与仿真研究，深入分析了锂离子电池的冲击力学响应和失效机理，开发了有效预测电池碰撞变形与内短路的有限元模型，为电动汽车动力电池碰撞保护设计提供了支撑。

问题：结合新能源汽车动力电池碰撞安全的知识，谈谈你对提高动力电池安全性措施的想法。

学习任务四　驱动电机与控制器冷却系统故障与排除

学习目标

1. 能够描述典型车型驱动电机与控制器冷却系统的结构原理；
2. 能够描述驱动电机与控制器冷却系统常见故障与检修方法；
3. 能够进行驱动电机与控制器冷却系统部件检修。

素质目标

1. 能够制订工作计划，独立完成工作学习任务；
2. 能够在工作过程中，与小组其他成员合作、交流并进行学习任务分工，具备团队合作和安全操作的意识；
3. 养成服从管理，规范作业的良好工作习惯；
4. 培养安全工作的习惯。

建议学时

12~16 学时。

工作情境描述

小王是新能源汽车服务站的一名机电维修技师，负责新能源汽车检修工作。现有一辆纯电动汽车仪表显示电机温度过高的故障指示灯，需要分析故障原因并进行检修。

工作流程与活动

学习活动 1　接受任务

建议学时：1 学时。

学习要求：学习典型车型驱动电机与控制器冷却系统的结构原理，驱动电机与控制器冷却系统常见故障与检修方法，能够对驱动电机与控制器冷却系统部件检修知识进行提前学习。

具体要求：

准备相应设备：

（1）防护装备：防护用品一套（工作服、绝缘劳保鞋、护目镜、绝缘头盔、绝缘手套）。

（2）车辆、台架、总成：北汽新能源 EV160 或其他纯电动车一辆。

（3）专用工具、设备：拆装专用工具。

（4）手工工具：新能源汽车维修组合工具。

（5）辅助材料：高压电维修警示牌和设备、绝缘地胶、二氧化碳类型灭火器、清洁剂。

学习活动 2 信息收集

建议学时：2~3 学时。

学习要求：通过查找相关信息，能够了解典型车型驱动电机与控制器冷却系统的结构原理，驱动电机与控制器冷却系统常见故障与检修方法。

具体要求：

1. 比亚迪 E6 纯电动汽车驱动电机与控制器采用的冷却系统是________，由散热器总成、电子风扇总成、电动水泵总成、冷却管路等组成，冷却液介质为________。

2. 比亚迪秦混合动力汽车的冷却系统由________和________组成。

3. 驱动电机与控制器冷却系统采用独立的冷却系统，用于电机与控制器的冷却，是通过单独的____________________实现独立的循环系统。

4. （判断）比亚迪 E6 纯电动汽车驱动电机与控制器采用的冷却系统是闭式水冷循环系统，由散热器总成、电子风扇总成、电动水泵总成、冷却管路等组成，冷却液介质为乙二醇型冷却液。（　　）

5. （判断）电动水泵的作用是冷却液循环的动力元件，对冷却液加压，促使冷却液在冷却系统中循环，带走系统散发的热量。（　　）

6. （判断）电子风扇的作用是提高流经散热器、冷凝器的空气流速和流量，以增强散热器的散热能力，并冷却机舱其他附件。（　　）

7. （判断）驱动电机与控制器冷却系统工作不良时，会导致电机与控制器温度过低的故障。（　　）

8. （判断）拆卸蓄电池负极前，必须确保点火开关处于关闭状态，并将车钥匙放在口袋。（　　）

9. （判断）在取下电风扇时，应小心散热水箱上的水管，避免造成损坏。（　　）

10. （单选）比亚迪 E6 电机与控制器冷却系统由（　　）提供动力，低温冷却液通过管路由散热器流向待散热元件（电机控制器、DC-DC、电机），冷却液在待散热元件处吸收热量后，再通过冷却管路流经散热器进行散热，之后进行下一个循环。

A. 电动风扇　　B. 油泵　　C. 电动水泵　　D. 驱动电机

11. （多选）驱动电机与控制器冷却系统工作不良时，可能的原因有：(　　)。

A. 冷却液少　　B. 电动水泵工作不良

C. 散热器工作不良　　D. 散热器风扇工作不良

12. （多选）电机系统过热可能的原因有：(　　)。

A. 水泵故障　　B. 散热风扇故障

C. 冷却液过少　　D. 冷却系统内部堵塞

学习活动3 制订计划

建议学时：1~2 学时。

学习要求：能与相关人员进行专业有效的沟通，根据典型车型驱动电机与控制器冷却系统的结构原理，驱动电机与控制器冷却系统常见故障与检修方法，制订驱动电机与控制器冷却系统部件检修作业计划。

具体要求：

1. 制订驱动电机与控制器冷却系统部件检修作业计划。

作业流程		
序号	作业项目	操作要点
1	驱动电机与控制器冷却系统部件——电子风扇拆卸	
2	驱动电机与控制器冷却系统部件——电子风扇安装	
计划审核	审核意见： 年　月　日　签字	

2. 请根据纯电动汽车驱动电机控制器总成的拆卸和安装作业计划，完成小组成员任务分工。

主操作人		记录员	
监护人		展示员	
作业注意事项			
不要试图分解电机总成，避免造成人身伤害及损坏电机			
检测设备/工具/材料			
序号	名称	数量	清点
1	工作服	1 套	□已清点
2	绝缘劳保鞋	1 双	□已清点
3	护目镜	1 副	□已清点
4	绝缘头盔	1 个	□已清点
5	绝缘手套	1 双	□已清点
6	纯电动汽车	1 辆	□已清点
7	拆装专用工具	1 套	□已清点
8	新能源汽车维修组合工具	1 套	□已清点
9	高压电维修警示牌和设备	1 套	□已清点
10	绝缘地胶	1 套	□已清点
11	二氧化碳类型灭火器	1 个	□已清点
12	清洁剂	1 套	□已清点

学习活动 4 计划实施

建议学时：6~8 学时。

学习要求：能根据制订的作业计划，掌握纯电动汽车的驱动电机与控制器冷却系统主要部件——电子风扇的拆卸和安装。

具体要求：

1. 电子风扇拆卸。

<table>
<tr><th>作业图例</th><th>作业内容</th><th>完成情况</th></tr>
<tr><td></td><td>选用 10 mm 扳手拧松蓄电池负极线固定螺栓，取下负极线，并对负极端子做好防护</td><td>□是　□否</td></tr>
<tr><td colspan="3">注意事项：
拆卸蓄电池负极前，必须确保点火开关处于关闭状态，并将车钥匙放在口袋</td></tr>
<tr><td></td><td>拔出两个电子风扇控制器插接器，并拆除电子风扇控制器线束固定卡扣</td><td>□是　□否</td></tr>
<tr><td></td><td>选用棘轮扳手、十字形旋具，拆卸电子风扇左侧固定螺栓</td><td>□是　□否</td></tr>
</table>

作业图例	作业内容	完成情况
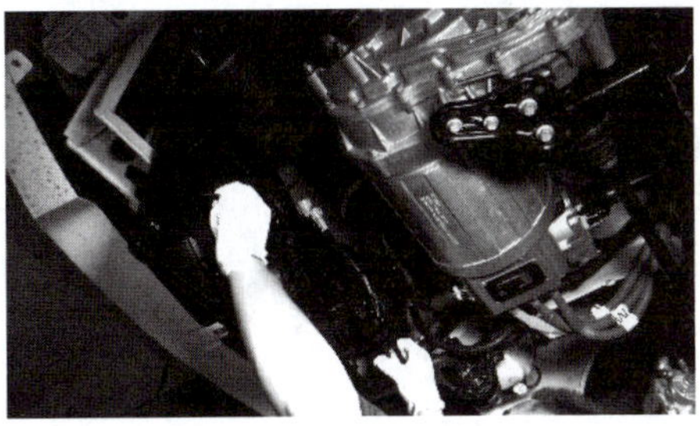	选用棘轮扳手、十字形旋具，拆卸电子风扇右侧固定螺栓	□是 □否
	取下电子风扇总成存放于干燥环境中	□是 □否
注意事项： 取下电子风扇时，应小心散热水箱上的水管，避免造成损坏		

2. 电子风扇安装。

作业图例	作业内容	完成情况
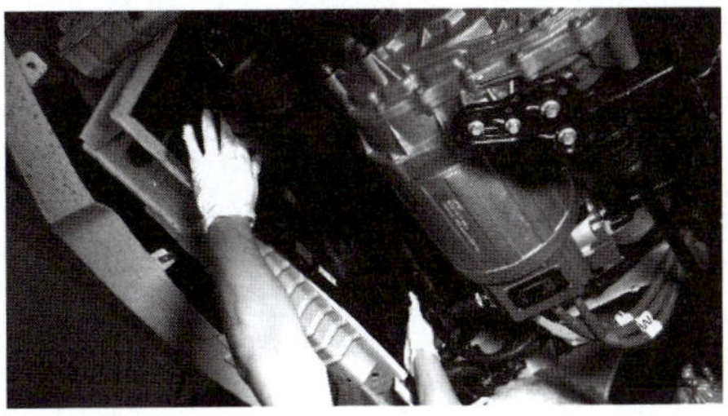	安装电子风扇到合适的位置	□是 □否

续表

作业图例	作业内容	完成情况
	安装左侧电子风扇总成固定螺栓	□是　□否
	使用棘轮扳手、十字形旋具安装电子风扇左侧固定螺栓。 标准力矩：4 N·m	□是　□否
	安装右侧电子风扇总成固定螺栓	□是　□否
	使用棘轮扳手、十字形旋具安装电子风扇右侧固定螺栓。 标准力矩：4 N·m	□是　□否
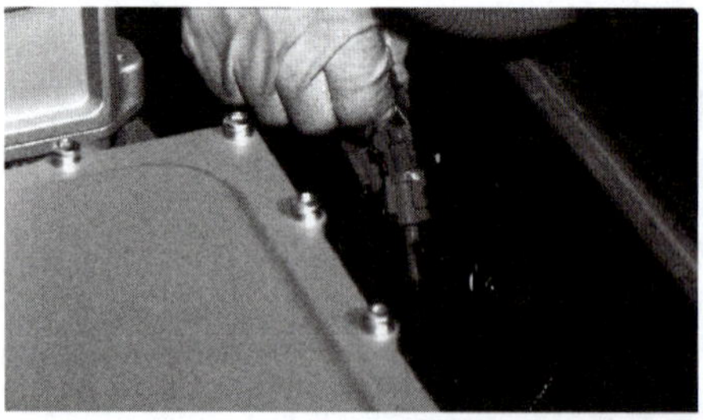	安装电子风扇控制器线束固定卡扣	□是　□否
	安装两个电子风扇控制器插接器	□是　□否

续表

作业图例	作业内容	完成情况
	检查插接器是否牢固可靠	□是　□否
	清除防护胶带，安装蓄电池负极，并使用 10 mm 扳手紧固负极线固定螺栓。 标准力矩：10 N·m	□是　□否

学习活动 5　质量检查

建议学时：1 学时。

学习要求：能根据纯电动汽车的驱动电机与控制器冷却系统主要部件进行检修知识，按指导教师和行业规范标准进行安全检查，在项目工单上填写评价结果。

具体要求：

请指导教师检查本组作业结果，并针对作业过程出现的问题提出改进措施及建议。

序号	评价标准	评价结果
1	工具检查是否规范、全面	
2	纯电动汽车的驱动电机与控制器冷却系统主要部件进行检修——电子风扇拆卸	
3	纯电动汽车的驱动电机与控制器冷却系统主要部件进行检修——电子风扇安装	
综合评价	☆ ☆ ☆ ☆ ☆	

续表

序号	评价标准	评价结果
综合评语（作业问题及改进建议）		

学习活动 6 评价反馈

建议学时：1 学时。

学习要求：能够根据典型车型驱动电机与控制器冷却系统的结构原理，驱动电机与控制器冷却系统常见故障与检修方法，在作业结束后及时记录、反思、评价、存档，总结工作经验，分析不足，提出改进措施，注重自主学习与提升。

具体要求：

1. 请根据自己在课堂中的实际表现进行自我反思和自我评价。

自我反思：____

____

____。

自我评价：____

____

____。

2. 请教师根据学生在课堂中的实际表现进行评价打分。

总成绩单			
项目	评分标准	分值	得分
接受任务	明确工作任务，理解任务在企业工作中的重要程度	5	
信息收集	了解典型车型驱动电机与控制器冷却系统的结构原理；驱动电机与控制器冷却系统常见故障与检修方法	15	

续表

总成绩单			
制订计划	根据典型车型驱动电机与控制器冷却系统的结构原理，驱动电机与控制器冷却系统常见故障与检修方法，能够制订驱动电机与控制器冷却系统部件的检修作业计划	5	
	能协同小组人员安排任务分工	5	
	能在实施前准备好所需要的工具器材	10	
计划实施	电子风扇拆卸	20	
	电子风扇安装	20	
质量检查	学生任务完成，操作过程规范	10	
评价反馈	学生能对自身表现情况进行客观评价	5	
	学生在任务实施过程中发现自身问题	5	
满分 100			

学习任务五　车辆无法上电故障诊断与排除

学习目标

1. 掌握 EV450 上下电控制系统及上下电控制过程；
2. 掌握 EV450 无法上电的故障原因分析；
3. 能进行 EV450 无法上电的故障诊断与排除。

素质目标

1. 严格执行企业检修标准流程；
2. 严格执行企业 6S 管理制度；
3. 培养严谨求实的工匠精神、热爱劳动的好品质。

建议学时

8~10 学时。

工作情境描述

吉利帝豪 EV450 电动汽车出现无法上电故障。请你分析吉利 EV450 的上电控制策略，并对该车无法上电的故障进行诊断与排除。

工作流程与活动

学习活动 1　接受任务

建议学时：1 学时。

学习要求：一辆 2018 款吉利帝豪 EV450 电动汽车出现无法上电故障。请你查阅维修手册和电路图，熟悉吉利帝豪 EV450 的上电控制策略，并对该车无法上电的故障进行诊断与排除。

具体要求：

记录车辆信息。

整车型号	
电池容量	
工作电压	
充电情况	
外观情况	

学习活动 2　信息收集

建议学时：1 学时。

学习要求：通过查找相关信息，能够了解 EV450 上电控制原理，EV450 上电控制系统相关电路图等知识。

具体要求：

1. 知识准备。

（1）完成 EV450 上电控制原理框图，简述 EV450 上电控制过程。

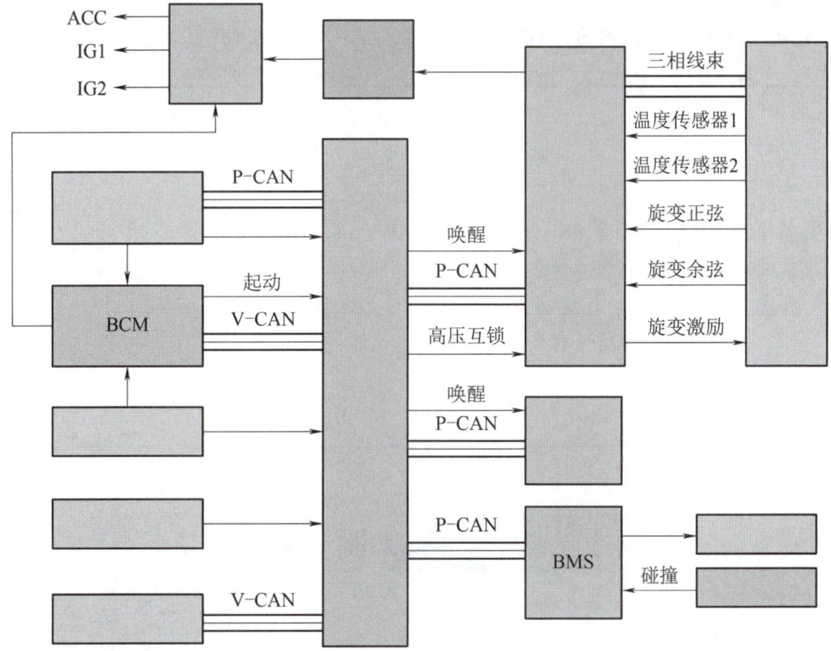

（2）将起动开关打到 ON 挡，________控制________、________继电器闭合，给________、________、________等电控单元供电。

（3）EV450 上电条件包括________、________、________、________、________、________、________、________、________、________等。

2. 技能准备。

（1）根据吉利 EV450 上电控制策略，完成车辆无法上电故障原因分析图。

车辆无法上电

（2）查阅电路图，吉利 EV450 BCM 电路页码为__________，BCM 有__________个线束连接器，线束连接器编号分别为______________________________，BCM 的 CAN-H 端子为____________________，BCM 的 CAN-L 端子为____________________，BCM 的供电端子为____________________。

（3）画出吉利 EV450 BCM 通信线路简图。

学习活动 3 制订计划

建议学时：1 学时。

学习要求：能与相关人员进行专业有效的沟通，根据任务要求，进行作业前的准备工作。

具体要求：

请根据任务要求，确定所需要的场地和物品，并对小组成员进行合理分工，制订详细的工作计划。

1. 根据任务要求制订实训计划。

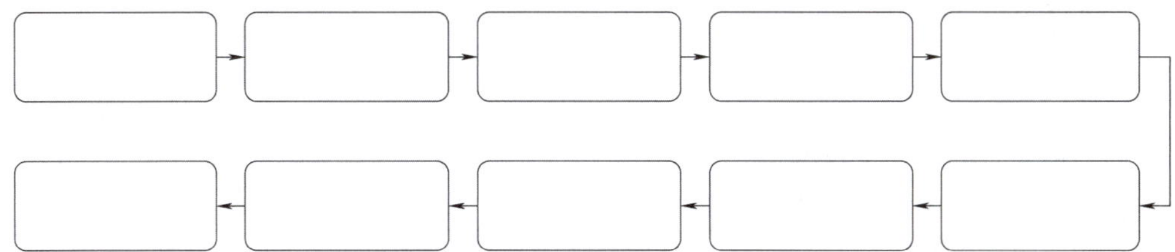

2. 请根据操作计划，完成小组成员任务分工。

主操作人		记录员	
监护人		展示员	

学习活动 4　计划实施

建议学时：4~6 学时。

学习要求：能根据制订的工作方案，通过完成车辆无法上电的作业流程，在规定时间内进行上电故障检测，完成车辆的高压、低压、BCM 熔断器检查等工作。

具体要求：

1. 作业前准备。

作业图例	作业内容	完成情况
	作业前现场环境检查	□规范着装 □拉设安全围挡 □放置安全警示牌 □检查灭火器 □检查测量终端状态 □铺设防护四件套

续表

<table>
<tr><th>作业图例</th><th>作业内容</th><th colspan="3">完成情况</th></tr>
<tr><td> 安全帽 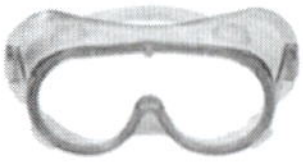 护目镜 
绝缘鞋  绝缘手套</td><td>防护用具检查</td><td colspan="3">□检查绝缘手套
□检查护目镜
□检查安全帽
□检查绝缘鞋</td></tr>
<tr><td> 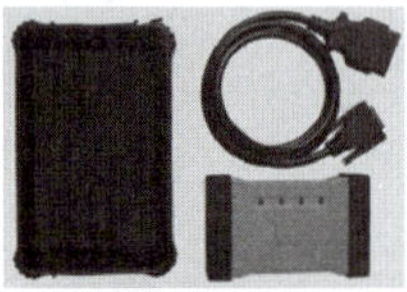诊断仪 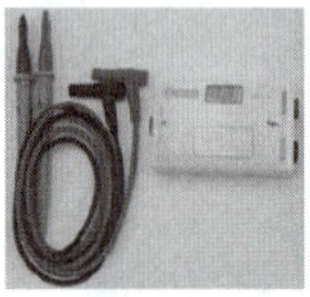 放电工装 
万用表  绝缘检测仪</td><td>仪表工具检查</td><td colspan="3">□检查万用表、绝缘检测仪是否正常
□检查故障诊断仪是否正常
□检查绝缘工具是否齐全、正常
□检查放电工装是否正常
□检查维修手册、电路图是否完备</td></tr>
<tr><td rowspan="2"> </td><td rowspan="2">测量绝缘地垫绝缘电阻</td><td>测量值</td><td>标准值</td><td>判别</td></tr>
<tr><td>____Ω</td><td>____Ω</td><td>□正常
□异常</td></tr>
</table>

2. 基本检查。

<table>
<tr><th>作业图例</th><th>作业内容</th><th colspan="3">完成情况</th></tr>
<tr><td rowspan="2"></td><td rowspan="2">蓄电池电压</td><td>测量值</td><td>标准值</td><td>判别</td></tr>
<tr><td>____ V</td><td>____ V</td><td>□正常
□异常</td></tr>
<tr><td></td><td>高压部件及其连接器情况</td><td colspan="3">□是　□否</td></tr>
<tr><td></td><td>低压部件及其连接器情况</td><td colspan="3">□是　□否</td></tr>
</table>

3. 故障现象确认。

<table>
<tr><th>作业图例</th><th>作业内容</th><th colspan="2">完成情况</th></tr>
<tr><td rowspan="7"></td><td>踩下制动踏板，打开点火开关</td><td colspan="2">□是 □否</td></tr>
<tr><td rowspan="6">观察仪表现象</td><td>显示</td><td>判断</td></tr>
<tr><td></td><td>□正常 □异常</td></tr>
<tr><td></td><td>□正常 □异常</td></tr>
<tr><td></td><td>□正常 □异常</td></tr>
<tr><td></td><td>□正常 □异常</td></tr>
<tr><td></td><td>□正常 □异常</td></tr>
<tr><td></td><td>整车能否上电</td><td colspan="2">□能 □不能</td></tr>
</table>

4. 读取故障代码、数据流。

作业图例	作业内容	完成情况
	关闭点火开关	□是 □否

续表

<table>
<tr><th>作业图例</th><th>作业内容</th><th colspan="2">完成情况</th></tr>
<tr><td rowspan="2"></td><td>将 OBD Ⅱ 测量线连接至 VCI 设备</td><td colspan="2">□是 □否</td></tr>
<tr><td>连接车辆 OBD 诊断座，VCI 设备电源指示灯亮起</td><td colspan="2">□是 □否</td></tr>
<tr><td></td><td>打开点火开关</td><td colspan="2">□是 □否</td></tr>
<tr><td rowspan="9"></td><td rowspan="9">选择相应车型并读取故障代码</td><td>故障代码</td><td>含义</td></tr>
<tr><td></td><td></td></tr>
<tr><td></td><td></td></tr>
<tr><td></td><td></td></tr>
<tr><td></td><td></td></tr>
<tr><td></td><td></td></tr>
<tr><td></td><td></td></tr>
<tr><td></td><td></td></tr>
<tr><td></td><td></td></tr>
</table>

作业图例	作业内容	完成情况	
	读取与故障相关数据流	故障代码	含义

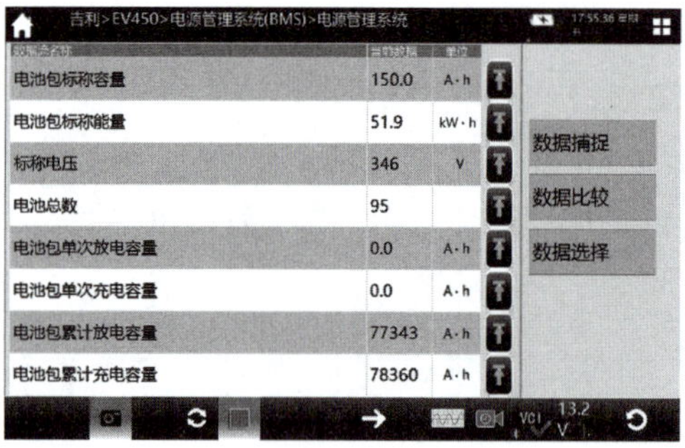

5. 故障范围分析。

思维导图

6. 检查 BCM 熔断器 IF19、IF20、IF28。

<table>
<tr><th>作业图例</th><th>作业内容</th><th colspan="3">完成情况</th></tr>
<tr><td></td><td>将起动开关打至ON 挡</td><td colspan="3">□是　□否</td></tr>
<tr><td rowspan="2"></td><td rowspan="2">用万用表测量保险IF19 输出端与搭铁电压</td><td>测量值</td><td>标准值</td><td>判断</td></tr>
<tr><td>____ V</td><td>11 ~ 14 V</td><td>□正常
□异常</td></tr>
<tr><td rowspan="2"></td><td rowspan="2">用万用表测量保险IF20 输出端与搭铁电压</td><td>测量值</td><td>标准值</td><td>判断</td></tr>
<tr><td>____ V</td><td>11 ~ 14 V</td><td>□正常
□异常</td></tr>
</table>

续表

作业图例	作业内容	完成情况		
	用万用表测量保险IF28 输出端与搭铁电压	测量值	标准值	判断
		____ V	11~14 V	□正常 □异常
	将起动开关打至OFF 挡，拔下保险IF19，IF20，IF28	□是　□否		
	用万用表测量保险IF19 电阻	测量值	标准值	判断
		____ Ω	<1 Ω	□正常 □异常
	用万用表测量保险IF20 电阻	测量值	标准值	判断
		____ Ω	<1 Ω	□正常 □异常
	用万用表测量保险IF28 电阻	测量值	标准值	判断
		____ Ω	<1 Ω	□正常 □异常

续表

作业图例	作业内容	完成情况
检测分析：		

7. 检查 BCM 供电电压。

作业图例	作业内容	完成情况
	断开 BCM 线束连接 IP20a 和 IP23	□是　□否
	将起动开关打至 ON 挡	□是　□否

<table>
<tr><th>作业图例</th><th>作业内容</th><th colspan="3">完成情况</th></tr>
<tr><td rowspan="6"></td><td rowspan="2">用万用表测量IP20a/7与搭铁的电压</td><td>测量值</td><td>标准值</td><td>判断</td></tr>
<tr><td>____ V</td><td>11~14 V</td><td>□正常
□异常</td></tr>
<tr><td rowspan="2">用万用表测量IP20a/8与搭铁的电压</td><td>测量值</td><td>标准值</td><td>判断</td></tr>
<tr><td>____ V</td><td>11~14 V</td><td>□正常
□异常</td></tr>
<tr><td rowspan="2">用万用表测量IP23/1与搭铁的电压</td><td>测量值</td><td>标准值</td><td>判断</td></tr>
<tr><td>____ V</td><td>11~14 V</td><td>□正常
□异常</td></tr>
<tr><td colspan="5">检测分析：</td></tr>
</table>

8. 检查BCM搭铁端子是否导通。

作业图例	作业内容	完成情况
	将起动开关打至OFF挡	□是　□否

续表

<table>
<tr><th>作业图例</th><th>作业内容</th><th colspan="3">完成情况</th></tr>
<tr><td></td><td>断开 BCM 线束连接器 IP22a</td><td colspan="3">□是 □否</td></tr>
<tr><td rowspan="4"></td><td rowspan="2">用万用表测量 IP22a/7 与搭铁的电阻</td><td>测量值</td><td>标准值</td><td>判断</td></tr>
<tr><td>____ Ω</td><td><1 Ω</td><td>□正常
□异常</td></tr>
<tr><td rowspan="2">用万用表测量 IP22a/9 与搭铁的电阻</td><td>测量值</td><td>标准值</td><td>判断</td></tr>
<tr><td>____ Ω</td><td><1 Ω</td><td>□正常
□异常</td></tr>
<tr><td colspan="5">检测分析：</td></tr>
</table>

9. 检查 VCU 供电电压。

作业图例	作业内容	完成情况
	将起动开关打至 OFF 挡	□是 □否
	断开 VCU 线束连接器 CA66	□是 □否
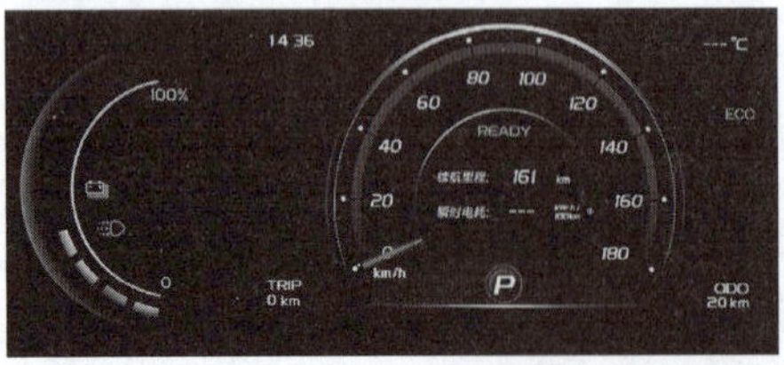	将起动开关打至 ON 挡	□是 □否

续表

<table>
<tr><th>作业图例</th><th>作业内容</th><th colspan="3">完成情况</th></tr>
<tr><td rowspan="4"></td><td rowspan="2">用万用表测量CA66/12与搭铁的电压</td><td>测量值</td><td>标准值</td><td>判断</td></tr>
<tr><td>____ V</td><td>11～14 V</td><td>□正常
□异常</td></tr>
<tr><td rowspan="2">用万用表测量CA66/50与搭铁的电压</td><td>测量值</td><td>标准值</td><td>判断</td></tr>
<tr><td>____ V</td><td>11～14 V</td><td>□正常
□异常</td></tr>
<tr><td colspan="5">检测分析：</td></tr>
</table>

10. 检查 VCU 搭铁端子的导通性。

作业图例	作业内容	完成情况
	将起动开关打至OFF挡	□是 □否

续表

作业图例	作业内容	完成情况		
	用万用表测量CA66/1与搭铁电阻	测量值	标准值	判断
		____ Ω	<1 Ω	□正常 □异常
	用万用表测量CA66/2与搭铁电阻	测量值	标准值	判断
		____ Ω	<1 Ω	□正常 □异常
	用万用表测量CA66/26与搭铁电阻	测量值	标准值	判断
		____ Ω	<1 Ω	□正常 □异常
	用万用表测量CA66/54与搭铁电阻	测量值	标准值	判断
		____ Ω	<1 Ω	□正常 □异常
检测分析：				

11. 检查 BCM 与 VCU 的通信 CAN 总线是否完整。

<table>
<tr><th>作业图例</th><th>作业内容</th><th colspan="3">完成情况</th></tr>
<tr><td></td><td>将起动开关打至 OFF 挡</td><td colspan="3">□是　□否</td></tr>
<tr><td></td><td>连接 BCM 与 VCU 各线束连接器</td><td colspan="3">□是　□否</td></tr>
<tr><td rowspan="2"></td><td rowspan="2">用万用表测量故障诊断接口 6 号端子与 14 号的电阻</td><td>测量值</td><td>标准值</td><td>判断</td></tr>
<tr><td>____ Ω</td><td>55~63 Ω</td><td>□正常
□异常</td></tr>
<tr><td colspan="5">检测分析：</td></tr>
</table>

12. 恢复场地。

作业图例	作业内容	完成情况
	关闭车辆起动开关	□是 □否
	收起并整理防护四件套	□是 □否
	关闭测量平台一体机	□是 □否
	关闭测量平台电源开关	□是 □否
	清洁并整理测量平台	□是 □否
	清洁防护用具并归位	□是 □否
	清洁整理仪器设备与工具	□是 □否
	清洁实训场地	□是 □否
	收起安全警示牌	□是 □否
	收起安全围挡	□是 □否

学习活动 5 质量检查

建议学时：1 学时。

学习要求：能根据动力电池系统检测要求，按厂家和行业检查标准对动力电池系统运行情况进行检查，在项目检查工单上填写评价结果。

具体要求：

1. 自我评价或小组评价。

序号	检查项目	权重	自我评价
1	信息收集完成情况	20	
2	制订计划合理性	10	

续表

序号	检查项目	权重	自我评价
3	实施过程完成的正确性	45	
4	学生在实施过程中的参与程度	15	
5	安全防护与 6S 操作	10	
总成绩			

2. 自我反思或小组反思：根据自己在课堂上的实际表现进行自我反思。

____

____

____

____

____

学习活动 6 评价反馈

建议学时：1 学时。

学习要求：能正确识读 EV450 上电控制系统相关电路图，能准确找到 EV450 上下电控制系统连接器及端子，能对 BCM 通信故障导致无法上电故障进行排除，在检查结束后及时记录、反思、评价、存档，总结工作经验，分析不足，提出改进措施，注重自主学习与提升。

具体要求：

1. 实训过程评分。

实训指导教师按下述评分标准检查本组作业结果。

项目	内容	评分标准	得分
知识点（30 分）	掌握 EV450 上下电控制系统及上下电控制过程（15 分）	正确表述上电控制过程	
	掌握 EV450 无法上电的故障原因分析（15 分）	视分析的准确度扣分	

续表

项目	内容	评分标准	得分
技能点（45分）	正确进行基本检查和故障现象确认（10分）	视完成情况扣分	
	正确读取故障代码和数据流并进行故障范围分析（10分）	视完成情况扣分	
	正确制订计划并进行故障诊断与排除（25分）	测量点每错误一项扣5分	
素质点（25分）	严格执行操作规范（10分）	视不规范情况扣分	
	任务完成的熟练程度（10分）	视完成情况扣分	
	6S管理（5分）	视完成情况扣分	
总分			

2. 改进与提升。

实训指导教师检查本组作业结果，针对实训过程中出现的问题提出改进措施与提升训练计划。

改进措施：

____

____

____

____

____

____

提升训练计划：

____

____

____

____

电动汽车的核心技术是“三电”技术，即电池技术、发动机技术、电控工程，电动汽车电控系统是制约电动汽车发展的关键技术之一，电控实际上是整车电控系统软件+硬件的总称，整个电控系统被称为神经系统，对于车辆，该系统可以控制车辆的可操作性，因此电控系统越强大，车辆的控制和驾驶能力就越好。狭义的电子控制是指车辆控制，但新型动力电动汽车的“电子控制”更多，包括通过 CAN 网络通信的发动机控制和电池管理系统。

在中国，由于碳配额、双积分等政策，自主和合资品牌都在大力推进新能源汽车的研发，特斯拉已经开始在中国建厂。在国际层面，各国政府响应《巴黎协定》的号召，许多国家宣布了禁止销售燃油车的时间表，欧盟出台了史上最严格的排放标准。大众将在 2026 年推出最后一代燃油车，全球电动化进程正在加速，2023 年全球新能源汽车和电控系统市场规模约为 619.33 亿元，其中中国市场约 391.38 亿元。

经过近 5 年的快速发展，全球新能源汽车产业链逐渐成熟，随着新型动力总成汽车销量的增长，电驱动系统市场规模持续增长，2018 年全球新能源汽车电机及电控系统市场规模为 275.18 亿元，其中中国市场规模为 158.17 亿元。中国新能源汽车销量占全球市场的一半以上。

随着新能源汽车的发展，电控系统市场呈现出强劲的增长趋势。2015—2019 年，我国新能源汽车市场渗透率从 1.35%提升至 4.47%，新能源汽车电控系统市场规模从 56.8 亿元增长至 154.3 亿元。预计随着我国新能源汽车渗透率的不断提高，新能源汽车电控系统市场规模将持续增长。

学习任务六　车辆无法行驶故障诊断与排除

学习目标

1. 能够说出旋变传感器的功能；
2. 能够理解旋变传感器的工作原理；
3. 能正确查阅旋变传感器电路图。

素质目标

1. 严格执行企业检修标准流程；
2. 严格执行企业 6S 管理制度；
3. 培养严谨求实的工匠精神、热爱劳动的好品质。

建议学时

8~10 学时。

工作情境描述

一辆纯电动汽车上电正常，换挡无法行驶，你的主管初步判断是旋变传感器发生故障，让你对旋变传感器进行检测，你能完成这个任务吗？

工作流程与活动

学习活动 1　接受任务

建议学时：1 学时。

学习要求：一辆纯电动汽车上电正常，换挡无法行驶，现在需要你了解旋变传感器的功能与工作原理，以及旋变传感器常见故障诊断与排除流程。

学习活动 2 信息收集

建议学时：1 学时。

学习要求：通过查找相关信息，能够了解旋变传感器的组成与工作原理，熟悉旋变传感器检修过程等知识。

知识准备

1. 查阅吉利 EV450 电路图，旋变传感器电路图所在页码为________。
2. 画出 EV450 旋变传感器线路简图。

<table>
<tr><th>画出旋变传感器连接图</th><th colspan="2">旋变传感器线路含义及标准值</th></tr>
<tr><td rowspan="7"></td><td>旋变传感器端子</td><td>含义</td></tr>
<tr><td></td><td></td></tr>
<tr><td></td><td></td></tr>
<tr><td></td><td></td></tr>
<tr><td></td><td></td></tr>
<tr><td></td><td></td></tr>
<tr><td></td><td></td></tr>
</table>

3. 查找旋变传感器主要故障代码及含义所在页码为________________。
4. 简述旋变传感器主要故障代码含义。

故障代码	含义
P0C5300	
P0C511C	
P0A4429	
P170900	
P150700	

续表

故障代码	含义
P171000	
P171100	
P171200	

建议学时：1 学时。

学习要求：能与相关人员进行专业有效的沟通，根据任务要求，进行作业前的准备工作。

具体要求：

请根据任务要求，确定所需要的场地和物品，并对小组成员进行合理分工，制订详细的工作计划。

1. 根据任务要求制订实训计划。

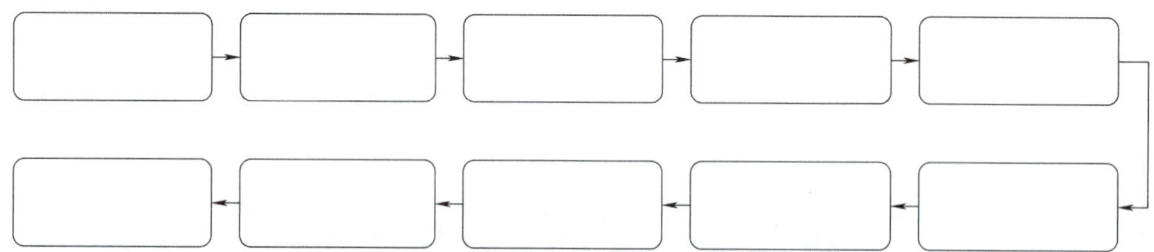

2. 请根据操作计划，完成小组成员任务分工。

主操作人		记录员	
监护人		展示员	

学习活动 4 计划实施

建议学时：4~6 学时。

学习要求：能根据制订的工作方案，通过完成车辆无法行驶诊断的作业流程，在规定时间内进行旋变传感器故障检测。

具体要求：

1. 作业前准备。

作业图例	作业内容	完成情况
	作业前现场环境检查	□规范着装 □拉设安全围挡 □放置安全警示牌 □检查灭火器 □检查测量终端状态 □铺设防护四件套
安全帽 护目镜 绝缘鞋 绝缘手套	防护用具检查	□检查绝缘手套 □检查护目镜 □检查安全帽 □检查绝缘鞋
诊断仪 放电工装 万用表 绝缘检测仪	仪表工具检查	□检查万用表、绝缘检测仪是否正常 □检查故障诊断仪是否正常 □检查绝缘工具是否齐全、正常 □检查放电工装是否正常 □检查维修手册、电路图是否完备

续表

作业图例	作业内容	完成情况		
		测量值	标准值	判别
	测量绝缘地垫绝缘电阻	____ Ω	____ Ω	□正常 □异常

2. 登记车辆基本信息。

项目	内容	完成情况
品牌		□是　□否
VIN		□是　□否
生产日期		□是　□否
动力电池	型号：　　　　　　额定容量：	□是　□否
驱动电机	型号：　　　　　　额定功率：	□是　□否
行驶里程	km	□是　□否

3. 基本检查。

作业图例	作业内容	完成情况		
		测量值	标准值	判断
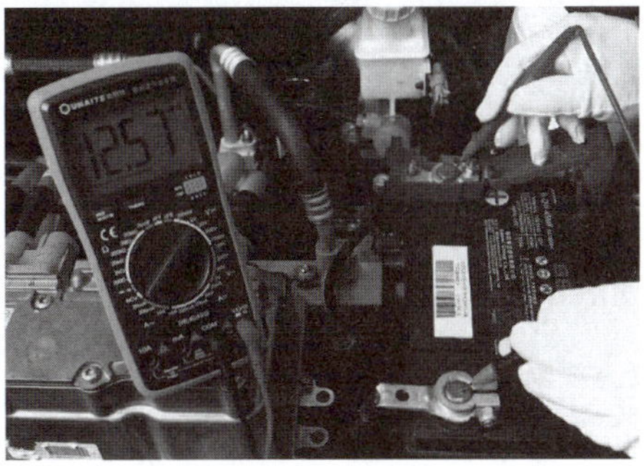	蓄电池电压	____ V	____ V	□正常 □异常
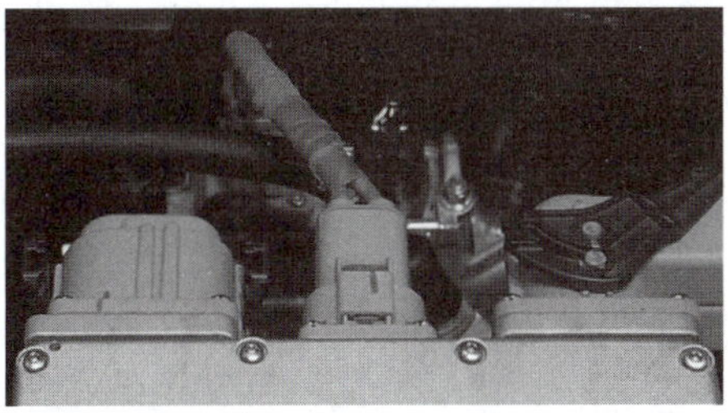	高压部件及其连接器情况	□是　□否		
	低压部件及其连接器情况	□是　□否		

4. 故障现象确认。

<table>
<tr><th>作业图例</th><th>作业内容</th><th colspan="2">完成情况</th></tr>
<tr><td rowspan="7"></td><td>踩下制动踏板，打开点火开关</td><td colspan="2">□是　□否</td></tr>
<tr><td rowspan="6">观察仪表现象</td><td>显示</td><td>判断</td></tr>
<tr><td></td><td>□正常　□异常</td></tr>
<tr><td></td><td>□正常　□异常</td></tr>
<tr><td></td><td>□正常　□异常</td></tr>
<tr><td></td><td>□正常　□异常</td></tr>
<tr><td></td><td>□正常　□异常</td></tr>
<tr><td></td><td>整车能否上电</td><td colspan="2">□能　□不能</td></tr>
<tr><td></td><td>将换挡杆挂入 D 挡检查车辆是否能够正常行驶</td><td colspan="2">□是　□否</td></tr>
</table>

5. 读取故障代码、数据流。

作业图例	作业内容	完成情况
	关闭点火开关	□是　□否
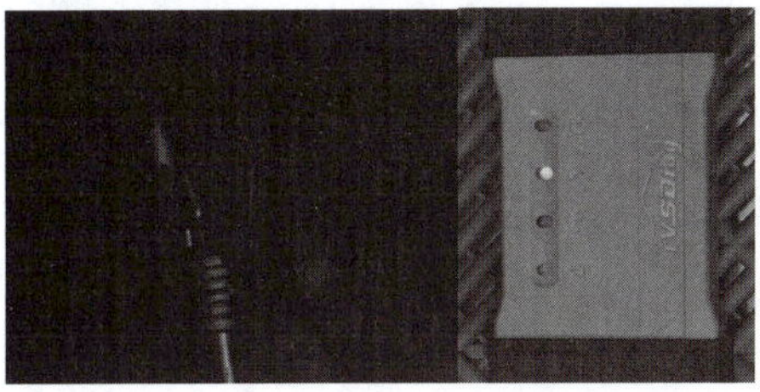	将 OBD Ⅱ 测量线连接至 VCI 设备	□是　□否
	连接车辆 OBD 诊断座，VCI 设备电源指示灯亮起	□是　□否
	打开点火开关	□是　□否

续表

作业图例	作业内容	完成情况	
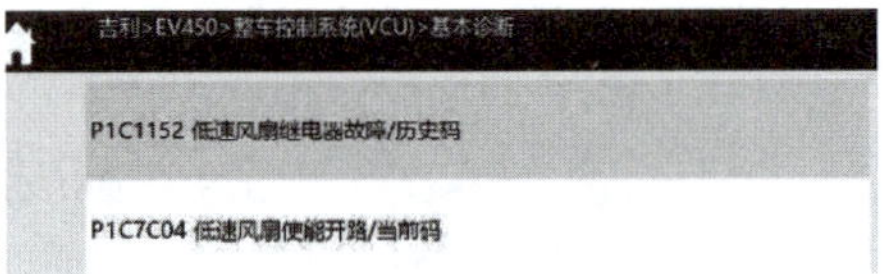 吉利>EV450>整车控制系统(VCU)>基本诊断 P1C1152 低速风扇继电器故障/历史码 P1C7C04 低速风扇使能开路/当前码	选择相应车型并读取故障代码	故障代码	含义
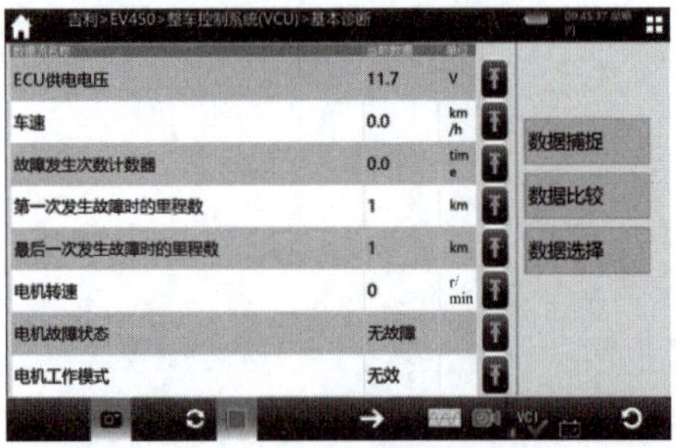 吉利>EV450>整车控制系统(VCU)>基本诊断 ECU供电电压 11.7 V 车速 0.0 km/h 故障发生次数计数器 0.0 time 第一次发生故障时的里程数 1 km 最后一次发生故障时的里程数 1 km 电机转速 0 r/min 电机故障状态 无故障 电机工作模式 无效 数据捕捉 数据比较 数据选择	读取与故障相关数据流	故障代码	含义

6. 故障范围分析。

思维导图

7. 检测旋变传感器信号电压。

作业图例	作业内容	完成情况		
	打开点火开关车辆上电	□是 □否		
		测量值	标准值	判断
	使用万用表交流挡，测量电机控制器 BV11/22 号与 BV11/15 号之间的信号电压（励磁）	交流 ____ V	交流 5.72 V	□正常 □异常

续表

<table>
<tr><th>作业图例</th><th>作业内容</th><th colspan="3">完成情况</th></tr>
<tr><td rowspan="2"></td><td rowspan="2">使用万用表交流挡，测量电机控制器BV11/17号与BV11/24号之间的信号电压（正弦）</td><td>测量值</td><td>标准值</td><td>判断</td></tr>
<tr><td>____ V</td><td>0. 49 V</td><td>□正常
□异常</td></tr>
<tr><td rowspan="2"></td><td rowspan="2">使用万用表交流挡，测量电机控制器BV11/16号与BV11/23号之间的信号电压（余弦）</td><td>测量值</td><td>标准值</td><td>判断</td></tr>
<tr><td>____ V</td><td>0. 28 V</td><td>□正常
□异常</td></tr>
<tr><td colspan="5">检测分析：</td></tr>
</table>

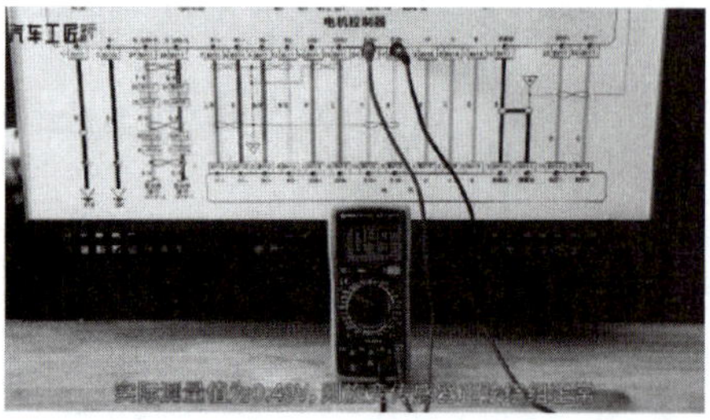

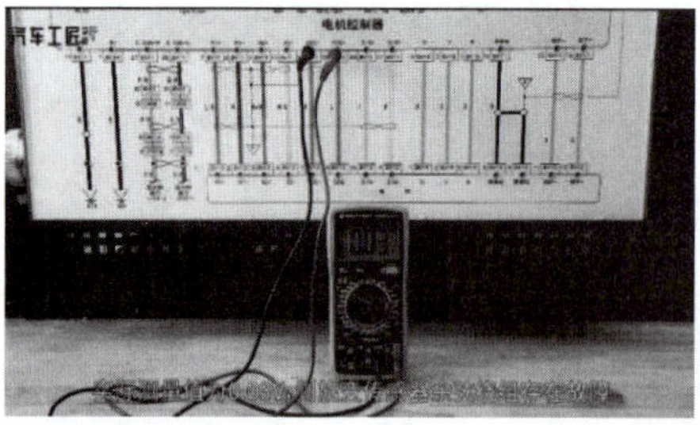

8. 检测旋变传感器余弦元件。

<table>
<tr><th>作业图例</th><th>作业内容</th><th colspan="3">完成情况</th></tr>
<tr><td></td><td>关闭点火开关断开蓄电池负极</td><td colspan="3">□是　□否</td></tr>
<tr><td></td><td>断开驱动电机线束插头 BV13</td><td colspan="3">□是　□否</td></tr>
<tr><td rowspan="2"></td><td rowspan="2">使用万用表测量 BV13/7 与 BV13/8 电阻（余弦）</td><td>测量值</td><td>标准值</td><td>判断</td></tr>
<tr><td>____Ω</td><td>（14.5±1.5）Ω</td><td>□正常
□异常</td></tr>
</table>

续表

作业图例	作业内容	完成情况
检测分析：		

9. 旋变传感器余弦线路断路故障。

作业图例	作业内容	完成情况
	把起动开关打至OFF挡，断开蓄电池负极	□是　□否
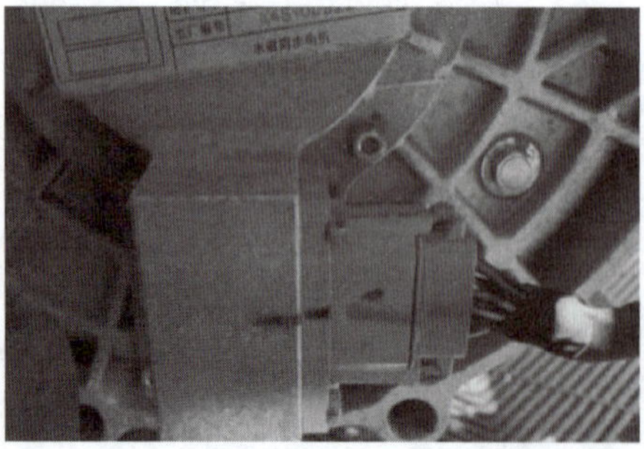	断开驱动电机线束连接器BV13	□是　□否

续表

<table>
<tr><th>作业图例</th><th>作业内容</th><th colspan="3">完成情况</th></tr>
<tr><td> 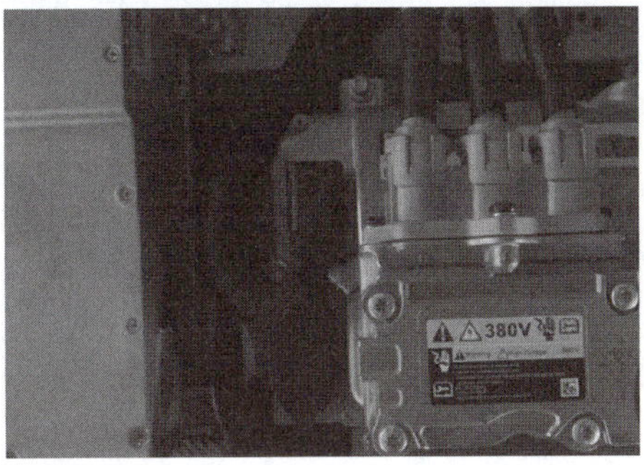</td><td>断开驱动电机控制器线束连接器 BV11</td><td colspan="3">□是　□否</td></tr>
<tr><td rowspan="2"> 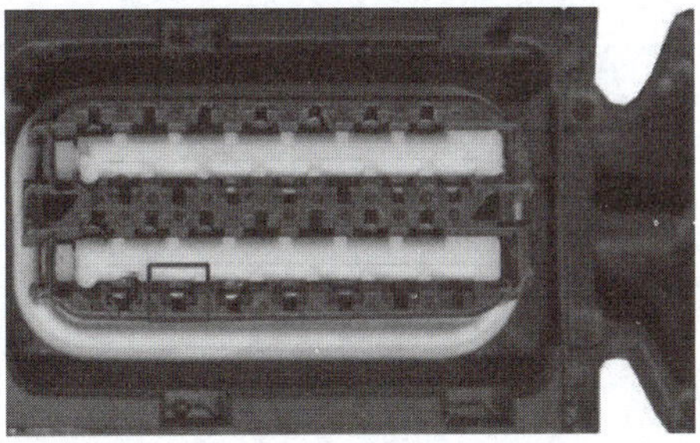BV11 电机控制器连接线束</td><td rowspan="3">测量线束连接器 BV11/23 与 BV13/(　　) 电阻值</td><td>测量值</td><td>标准值</td><td>判断</td></tr>
<tr><td rowspan="2">____ Ω</td><td rowspan="2">____ Ω</td><td rowspan="2">□正常
□异常</td></tr>
<tr><td> 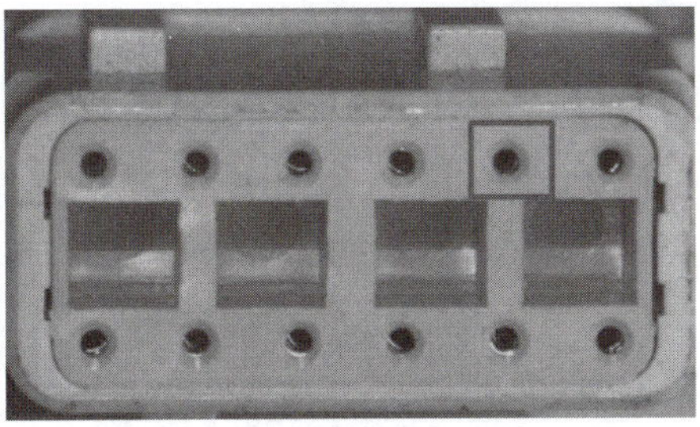BV13 电机连接线束</td></tr>
</table>

续表

<table>
<tr><th>作业图例</th><th>作业内容</th><th colspan="3">完成情况</th></tr>
<tr><td rowspan="2">BV11 电机控制器连接线束</td><td rowspan="3">测量线束连接器 BV11/16 与 BV13/(　　) 电阻值</td><td>测量值</td><td>标准值</td><td>判断</td></tr>
<tr><td rowspan="2">____ Ω</td><td rowspan="2">____ Ω</td><td rowspan="2">□正常
□异常</td></tr>
<tr><td>BV13 电机连接线束</td></tr>
</table>

10. 故障恢复并验证。

作业图例	作业内容	完成情况
	断开驱动电机线束连接器 BV13	□是　□否

续表

作业图例	作业内容	完成情况
	断开驱动电机控制器线束连接器 BV11	□是 □否
	连接蓄电池负极	□是 □否 □能 □不能
	点火开关调整至 ON 挡	□能 □不能

续表

作业图例	作业内容	完成情况
	通过诊断仪清除故障码，验证系统是否有故障码存在	□是　□否
	车辆上电	□是　□否
	车辆行驶	□是　□否
验证结果：□正常　□异常		

11. 恢复场地。

作业图例	作业内容	完成情况
	关闭车辆起动开关	□是 □否
	收起并整理防护四件套	□是 □否
	关闭测量平台一体机	□是 □否
	关闭测量平台电源开关	□是 □否
	清洁并整理测量平台	□是 □否
	清洁防护用具并归位	□是 □否
	清洁整理仪器设备与工具	□是 □否
	清洁实训场地	□是 □否
	收起安全警示牌	□是 □否
	收起安全围挡	□是 □否

学习活动 5 质量检查

建议学时：1 学时。

学习要求：能根据旋变传感器检测要求，按厂家和行业检查标准对旋变传感器运行情况进行检查，在项目检查工单上填写评价结果。

具体要求：

1. 自我评价或小组评价。

序号	检查项目	权重	自我评价
1	信息收集完成情况	20	
2	制订计划合理性	10	
3	实施过程完成的正确性	45	
4	学生在实施过程中的参与程度	15	
5	安全防护与 6S 操作	10	
总成绩			

2. 自我反思或小组反思：根据自己在课堂上的实际表现进行自我反思。

学习活动 6 评价反馈

建议学时：1 学时。

学习要求：能掌握旋变传感器功能，能正确找出旋变传感器部件位置、旋变传感器电路及各端子含义，在检查结束后及时记录、反思、评价、存档，总结工作经验，分析不足，提出改进措施，注重自主学习与提升。

具体要求：

1. 实训过程评分。

实训指导教师按下述评分标准检查本组作业结果。

项目	内容	评分标准	得分
知识点（30 分）	掌握旋变传感器功能（10 分）	视操作情况扣分	
	掌握旋变传感器工作原理（10 分）	正确表述旋变传感器工作原理，不熟悉视情扣分	
	熟悉旋变传感器电路及各端子含义（10 分）	端子错误每项扣 3 分	
技能点（45 分）	正确找出旋变传感器部件位置（10 分）	视完成情况扣分	
	正确读取故障代码和数据流并进行故障范围分析（10 分）	视完成情况扣分	
	正确制订计划并进行故障诊断与排除（25 分）	测量点每错误一项扣 5 分	

续表

项目	内容	评分标准	得分
素质点（25 分）	严格执行操作规范（10 分）	视不规范情况扣分	
	任务完成的熟练程度（10 分）	视完成情况扣分	
	6S 管理（5 分）	视完成情况扣分	
总分			

2. 改进与提升。

实训指导教师检查本组作业结果，针对实训过程出现的问题提出改进措施与提升训练计划。

改进措施：

____

____

____

____

____

____

提升训练计划：

____

____

____

____

____

思政园地

汽车行业电动化、智能化功能持续迭代，感知层成为自动驾驶核心部件之一。随着高级别辅助驾驶从 L1 到 L5 的持续突破，感知层在车身状态和环境感知两大维度进行品类升级和扩张。整车维度，汽车传感器数量和单车价值量持续提升；结构维度，新增智能部件催生车身传感器功能升级；从功能看，环境感知传感器成为智能汽车新增部件。

传感器市场存量大，增速快，经测算，2026 年全球、中国汽车传感器市场空间分别有望达到 3 803 亿元和 1 449 亿元，2021—2026 年 CAGR 分别为 26.3%和 26.1%。

传感器将不同类型的信号转变为电信号。传感器是将目标物信息收集、转换、输出的关键部件，核心价值在于在信息处理过程中获取或拟合出准确可靠的信息数据，为后续数据处理奠定基础，以人体的信息处理为例，传感器可以类比为人的五官。对应传感器在汽车中的应用，即在车辆的感知、决策和执行过程中，传感器是感知层的关键组成部分。

车载传感器安装在汽车动力系统、底盘、车身等关键部位。根据前瞻产业研究院数据，目前一辆B级车装配超过90个传感器，其中动力系统中安装45~60个，车身系统中装配超过20个，底盘系统中装配30~40个。汽车传感器通过对汽车行驶数据的搜集与输出确保车辆的稳定运行，需要汽车传感器能够在-50~150 ℃的环境中工作。

学习任务七　电动空调不制冷故障诊断与排除

学习目标

1. 掌握电动空调系统的组成；
2. 掌握高压配电系统高压回路故障诊断与排除；
3. 能正确利用仪器设备对电动压缩机高压回路故障进行检修。

素质目标

1. 严格执行企业检修标准流程；
2. 严格执行企业 6S 管理制度；
3. 培养严谨求实的工匠精神、热爱劳动的好品质。

建议学时

8~10 学时。

工作情境描述

一辆 2018 款吉利帝豪 EV450 电动汽车高压上电、充电正常，车辆能正常行驶，但打开空调 AC 开关，无制冷。你知道电动压缩机的高压回路吗？请你对上述故障进行诊断与排除。

工作流程与活动

学习活动 1　接受任务

建议学时：1 学时。

学习要求：吉利帝豪 EV450 电动汽车采用电动空调系统，试着学习电动汽车空调系统的组成部件和工作原理。请你以 EV450 为例，认知电动汽车空调系统各组成部件，分析打开空调 AC 开关，无制冷情况的故障诊断过程。

建议学时：1 学时。

学习要求：通过查找相关信息，能够了解电动空调的组成与工作原理。

具体要求：

1. 知识准备。

（1）写出汽车制冷空调系统中各部件的名称，并简述制冷系统工作 4 个过程。

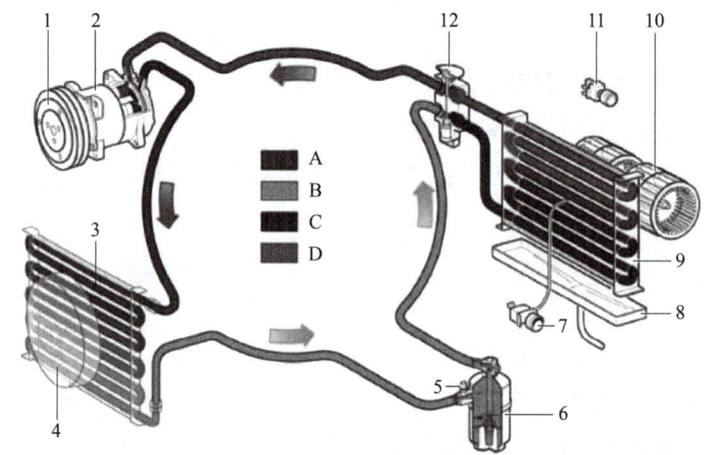

压缩过程：______________________________

冷凝过程：______________________________

节流过程：______________________________

蒸发过程：______________________________

（2）写出图中吉利 EV450 电动空调系统的部件名称。

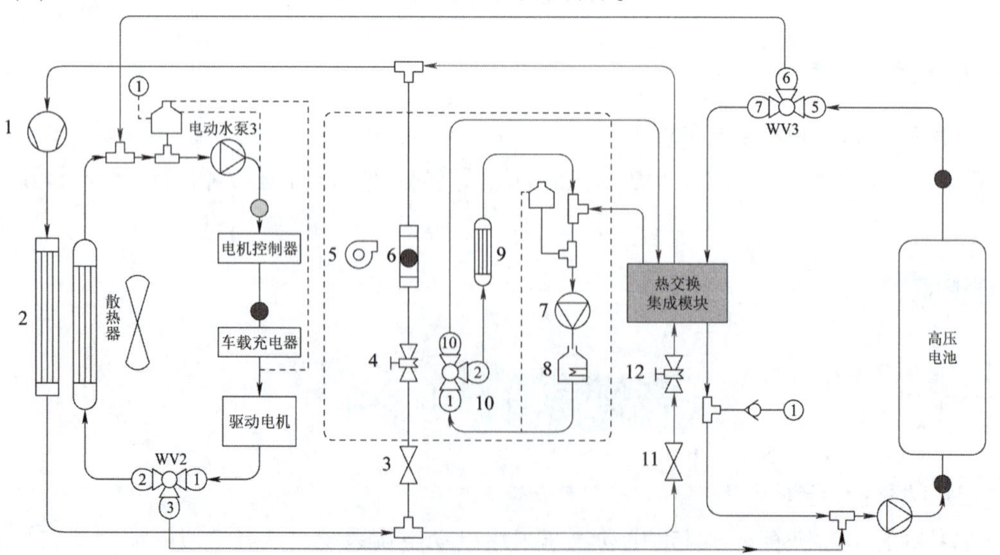

1		5		9	加热芯体
2		6		10	三通电磁阀
3		7	PTC 加热水泵	11	
4		8	PTC 加热器	12	

2. 技能准备。

（1）查阅吉利 EV450 电路图，电动压缩机高压回路电路图页码为________。

（2）画出 EV450 电动压缩机低压电路简图。

3. 电动压缩机的高压连接器编号________________________________，低压连接器编号________________________________。

学习活动 3 制订计划

建议学时：1 学时。

学习要求：能与相关人员进行专业有效的沟通，根据任务要求，进行作业前的准备工作。

具体要求：

请根据任务要求，确定所需要的场地和物品，并对小组成员进行合理分工，制订详细的工作计划。

1. 根据任务要求制订实训计划。

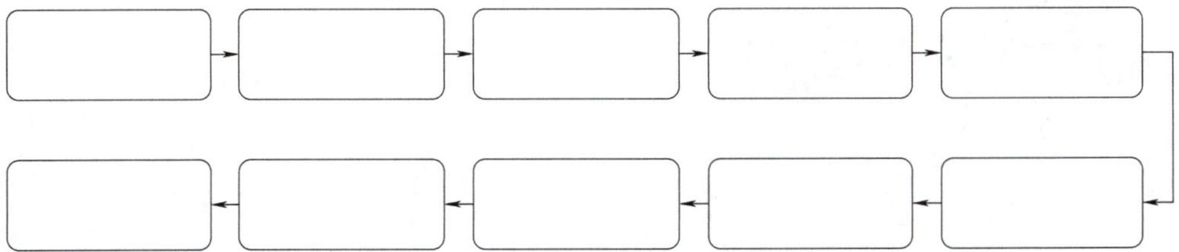

2. 请根据操作计划，完成小组成员任务分工。

主操作人		记录员	
监护人		展示员	

学习活动 4 计划实施

建议学时：4~6 学时。

学习要求：能根据制订的工作方案，通过完成电动空调系统的作业流程，在规定时间内进行压缩机故障检测。

具体要求：

1. 作业前准备。

作业图例	作业内容	完成情况
	作业前现场环境检查	□规范着装 □拉设安全围挡 □放置安全警示牌 □检查灭火器 □检查测量终端状态 □铺设防护四件套
安全帽 护目镜 绝缘鞋 绝缘手套	防护用具检查	□检查绝缘手套 □检查护目镜 □检查安全帽 □检查绝缘鞋

续表

<table>
<tr><th>作业图例</th><th>作业内容</th><th colspan="3">完成情况</th></tr>
<tr><td>诊断仪　放电工装
万用表　绝缘检测仪</td><td>仪表工具检查</td><td colspan="3">□检查万用表、绝缘检测仪是否正常
□检查故障诊断仪是否正常
□检查绝缘工具是否齐全、正常
□检查放电工装是否正常
□检查维修手册、电路图是否完备</td></tr>
<tr><td rowspan="2"></td><td rowspan="2">测量绝缘地垫绝缘电阻</td><td>测量值</td><td>标准值</td><td>判别</td></tr>
<tr><td>____ Ω</td><td>____ Ω</td><td>□正常
□异常</td></tr>
</table>

2. 登记车辆基本信息。

项目	内容		完成情况
品牌			□是　□否
VIN			□是　□否
生产日期			□是　□否
动力电池	型号：	额定容量：	□是　□否
驱动电机	型号：	额定功率：	□是　□否
行驶里程		km	□是　□否

3. 基本检查。

作业图例	作业内容	完成情况		
		测量值	标准值	判断
	蓄电池电压	____ V	____ V	□正常 □异常
	高压部件及其连接器情况	□是　□否		
	低压部件及其连接器情况	□是　□否		

4. 故障现象确认。

<table>
<tr><th>作业图例</th><th>作业内容</th><th colspan="2">完成情况</th></tr>
<tr><td rowspan="7"></td><td>踩下制动踏板，打开点火开关</td><td colspan="2">□是　□否</td></tr>
<tr><td rowspan="6">观察仪表现象</td><td>显示</td><td>判断</td></tr>
<tr><td></td><td>□正常　□异常</td></tr>
<tr><td></td><td>□正常　□异常</td></tr>
<tr><td></td><td>□正常　□异常</td></tr>
<tr><td></td><td>□正常　□异常</td></tr>
<tr><td></td><td>□正常　□异常</td></tr>
<tr><td></td><td>整车能否上电</td><td colspan="2">□能　□不能</td></tr>
</table>

续表

作业图例	作业内容	完成情况
	交流慢充能否充电	□是　□否
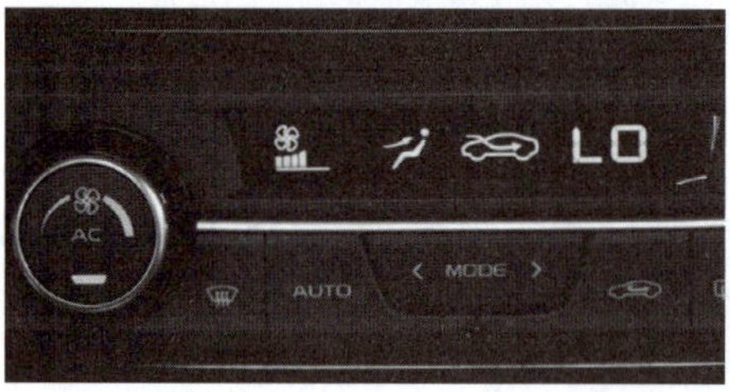	打开点火开关，开启空调制冷模式	□是　□否
	空调制冷效果是否正常	□是　□否

5. 读取故障代码、数据流。

作业图例	作业内容	完成情况
	关闭点火开关	□是　□否
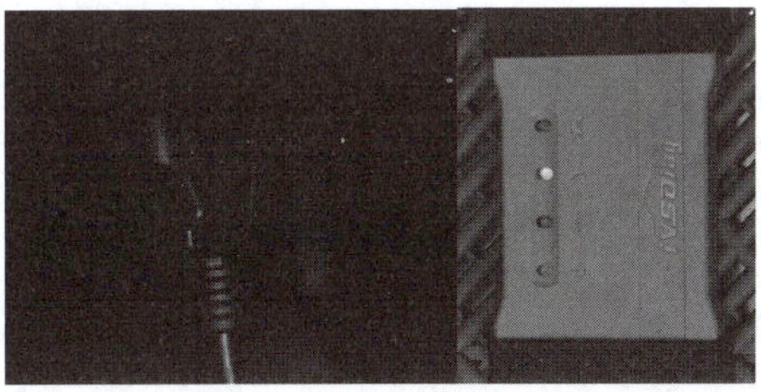	将 OBD Ⅱ 测量线连接至 VCI 设备	□是　□否
	连接车辆 OBD 诊断座，VCI 设备电源指示灯亮起	□是　□否
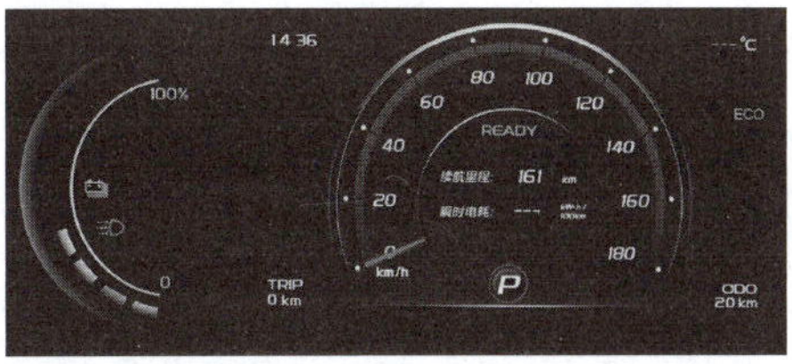	打开点火开关	□是　□否

续表

作业图例	作业内容	完成情况	
	选择相应车型并读取故障代码	故障代码	含义
	读取与故障相关数据流	故障代码	含义

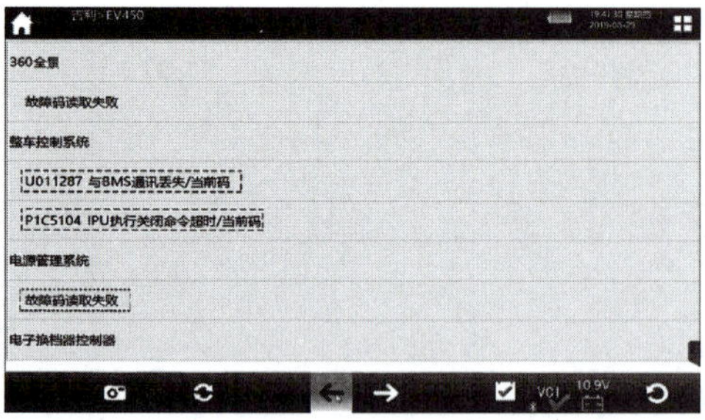

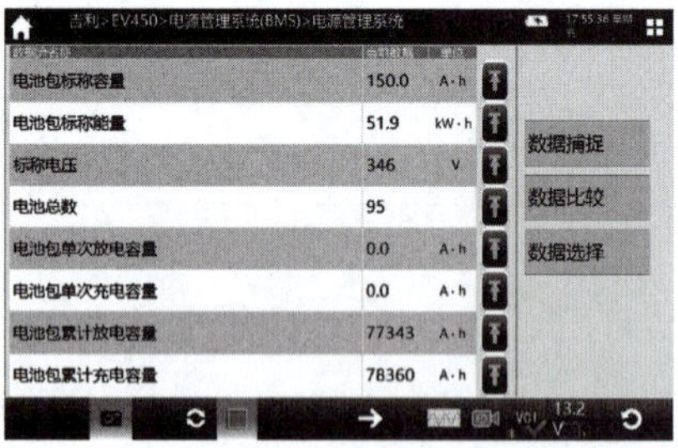

6. 故障范围分析。

思维导图

7. 电动压缩机高压回路断路检测。

作业图例	作业内容	完成情况
	操作起动开关使电源模式至 OFF 状态	□是 □否
	拆下蓄电池负极用绝缘胶布包裹好	□是 □否

续表

<table>
<tr><th>作业图例</th><th>作业内容</th><th colspan="3">完成情况</th></tr>
<tr><td> 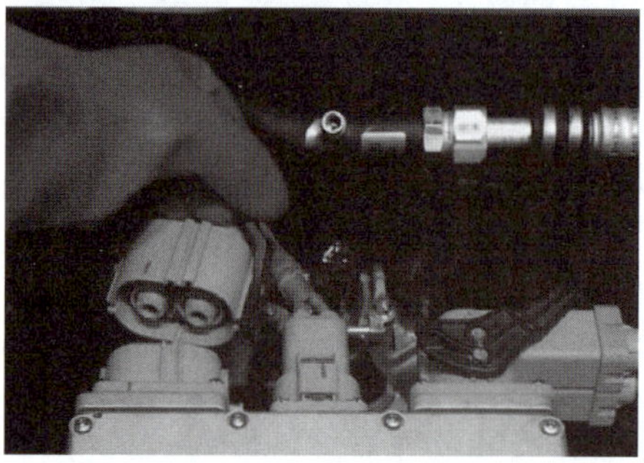</td><td>断开直流母线线束连接器 BV17</td><td colspan="3">□是 □否</td></tr>
<tr><td rowspan="2"> 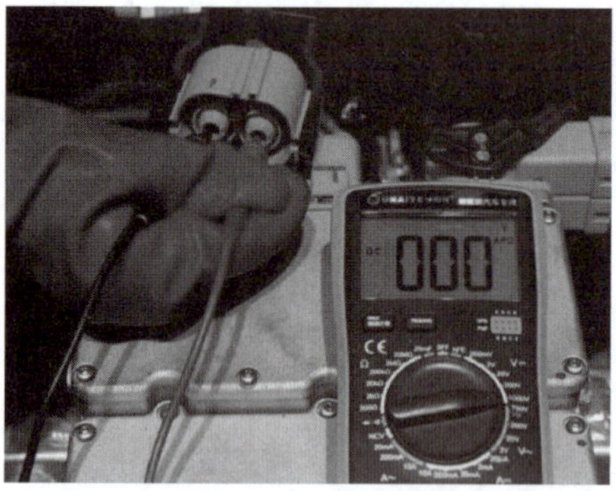</td><td rowspan="2">用放电工装对 BV17 进行放电</td><td>测量值</td><td>标准值</td><td>判断</td></tr>
<tr><td>____ V</td><td><5 V</td><td>□完成放电
□未完成放电</td></tr>
<tr><td> </td><td>断开电动压缩机连接器 BV30</td><td colspan="3">□是 □否</td></tr>
</table>

续表

<table>
<tr><th>作业图例</th><th>作业内容</th><th colspan="3">完成情况</th></tr>
<tr><td rowspan="4"></td><td rowspan="2">用万用表测量直流母线连接器 BV17/2 与 BV30/1 电阻</td><td>测量值</td><td>标准值</td><td>判断</td></tr>
<tr><td>____ Ω</td><td><1 Ω</td><td>□正常
□异常</td></tr>
<tr><td rowspan="2">用万用表测量直流母线连接器 BV17/1 与 BV30/2 电阻</td><td>测量值</td><td>标准值</td><td>判断</td></tr>
<tr><td>____ Ω</td><td><1 Ω</td><td>□正常
□异常</td></tr>
<tr><td colspan="5">检测分析：</td></tr>
</table>

8. 电动压缩机高压供电熔断器检查。

作业图例	作业内容	完成情况
	拆卸车载充电机分线盒盖	□是　□否

续表

作业图例	作业内容	完成情况		
		测量值	标准值	判断
	用万用表测量电动压缩机高压供电熔断器两端电阻	____ Ω	<1 Ω	□正常 □异常
检测分析：				

9. 电动压缩机高压线束检查。

作业图例	作业内容	完成情况
	断开高压连接器 BV33	□是　□否

作业图例	作业内容	完成情况		
	用万用表测量BV30/1与BV33/3的电阻	测量值	标准值	判断
		____ Ω	<1 Ω	□正常 □异常
	用万用表测量BV30/2与BV33/4的电阻	测量值	标准值	判断
		____ Ω	<1 Ω	□正常 □异常
检测分析：				

10. 电动压缩机高压回路绝缘性检测。

作业图例	作业内容	完成情况
	断开电动压缩机连接器BV30	□是　□否

续表

<table>
<tr><th>作业图例</th><th>作业内容</th><th colspan="3">完成情况</th></tr>
<tr><td rowspan="2">
</td><td rowspan="2">用绝缘检测仪测量电动压缩机高压连接器 BV30/1，BV30/2 分别与分线盒盖电阻</td><td>测量值</td><td>标准值</td><td>判断</td></tr>
<tr><td>____ Ω
____ Ω</td><td>>20 MΩ</td><td>□正常
□异常</td></tr>
<tr><td colspan="5">检测分析：</td></tr>
</table>

11. 电动压缩机高压回路短路检测。

作业图例	作业内容	完成情况
	断开电动压缩机连接器 BV30	□是 □否

续表

<table>
<tr><th>作业图例</th><th>作业内容</th><th colspan="3">完成情况</th></tr>
<tr><td> </td><td>断开车载充电机分线盒连接器 BV33</td><td colspan="3">□是　□否</td></tr>
<tr><td rowspan="2"> </td><td rowspan="2">用绝缘检测仪测量电机控制器连接器 BV30/1 与 BV30/2 电阻</td><td>测量值</td><td>标准值</td><td>判断</td></tr>
<tr><td>____ Ω</td><td>>20 MΩ</td><td>□正常
□异常</td></tr>
<tr><td colspan="5">检测分析：</td></tr>
</table>

12. 故障恢复并验证。

作业图例	作业内容	完成情况
	断开电动压缩机连接器 BV30	□是　□否
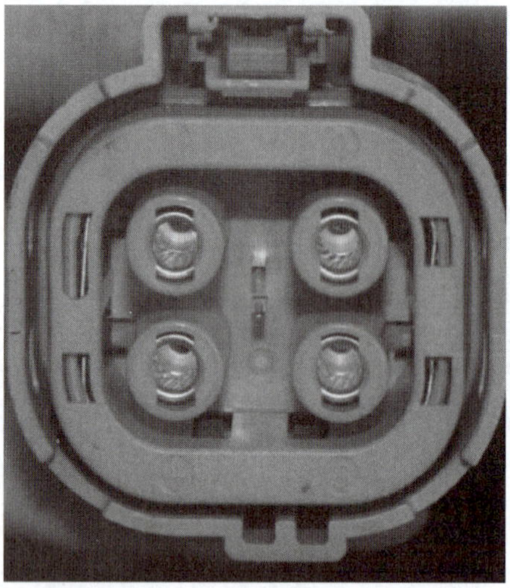	断开车载充电机分线盒连接器 BV33	□是　□否
	连接动力电池母线连接器 BV17	□是　□否

续表

作业图例	作业内容	完成情况
	连接蓄电池负极	□是　□否
	踩下制动踏板，打开起动开关	□是　□否
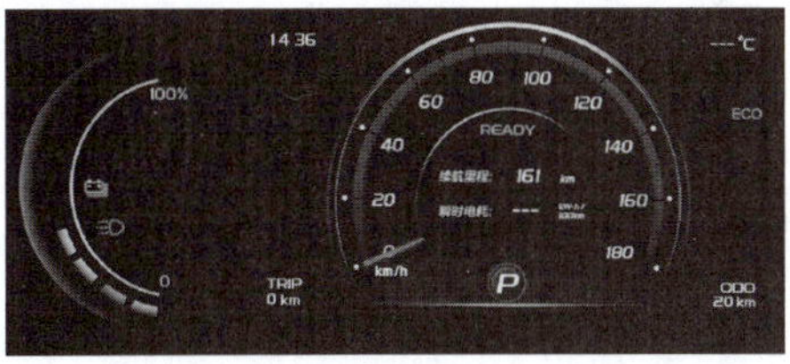	观察仪表显示是否正常	□是　□否
	整车能否上电	□能　□不能

续表

作业图例	作业内容	完成情况
	打开空调 AC 开关，制冷是否正常	□是　□否
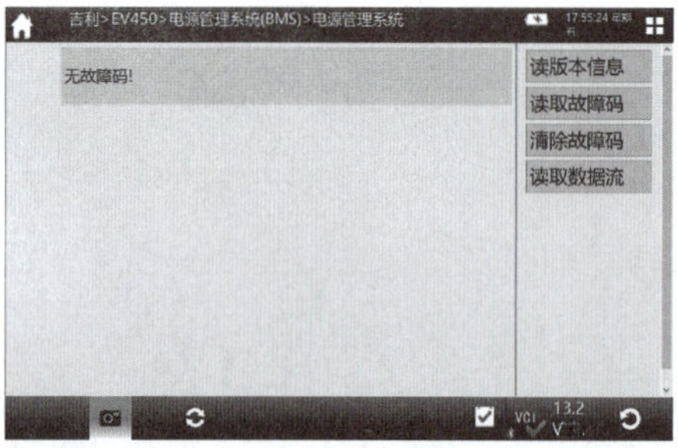	连接故障诊断仪，读取并清除故障代码	□是　□否
验证分析：		

13. 恢复场地。

作业图例	作业内容	完成情况
	关闭车辆起动开关	□是 □否
	收起并整理防护四件套	□是 □否
	关闭测量平台一体机	□是 □否
	关闭测量平台电源开关	□是 □否
	清洁并整理测量平台	□是 □否
	清洁防护用具并归位	□是 □否
	清洁整理仪器设备与工具	□是 □否
	清洁实训场地	□是 □否
	收起安全警示牌	□是 □否
	收起安全围挡	□是 □否

学习活动 5 质量检查

建议学时：1 学时。

学习要求：能根据电动空调检测要求，按厂家和行业检查标准对动力电池系统运行情况进行检查，在项目检查工单上填写评价结果。

具体要求：

1. 自我评价或小组评价。

序号	检查项目	权重	自我评价
1	信息收集完成情况	20	
2	制订计划合理性	10	
3	实施过程完成的正确性	45	
4	学生在实施过程中的参与程度	15	
5	安全防护与6S操作	10	
总成绩			

2. 自我反思或小组反思：根据自己在课堂上的实际表现进行自我反思。

____

____

____

____

____

学习活动6 评价反馈

建议学时：1学时。

学习要求：能讲述汽车空调系统的类型、组件、安装位置、工作原理、控制电路及各端子含义，能正确连接诊断仪并读取相关数据、对高压配电系统高压回路进行分析和对数据流进行分析，在检查结束后及时记录、反思、评价、存档，总结工作经验，分析不足，提出改进措施，注重自主学习与提升。

具体要求：

1. 实训过程评分。

实训指导教师按下述评分标准检查本组作业结果。

项目	内容	评分标准	得分
知识点（30分）	了解高压配电系统高压回路组成（10分）	视操作情况扣分	
	熟悉高压电气回路及其连接器（10分）	正确查找电路图，熟悉各高压连接器，不熟悉视情扣分	
	掌握高压配电系统高压回路检测方法（10分）	视高压回路检测正确性和规范性扣分	
技能点（45分）	正确进行基本检查和故障现象确认（10分）	视完成情况扣分	
	正确读取故障代码和数据流并进行故障范围分析（10分）	视完成情况扣分	
	正确制订计划并进行故障诊断与排除（25分）	测量点每错误一项扣5分	
素质点（25分）	严格执行操作规范（10分）	视不规范情况扣分	
	任务完成的熟练程度（10分）	视完成情况扣分	
	6S管理（5分）	视完成情况扣分	
总分			

2. 改进与提升。

实训指导教师检查本组作业结果，针对实训过程出现的问题提出改进措施与提升训练计划。

改进措施：

____

____

____

____

____

提升训练计划：

____

思政园地

我国汽车空调管路行业属于汽车零部件行业中起步较晚的子行业之一，在 20 世纪八九十年代前，汽车空调管路主要依赖国外进口，国内企业在技术标准和制造技术上也基本以借鉴和模仿国外技术为主。

20 世纪八九十年代，德国大众、法国雪铁龙等欧美汽车企业通过合资的方式进入中国市场，给国内汽车空调管路企业带来了发展良机，随着汽车零部件的逐步国产化，国内汽车空调管路行业经过十多年来对国际先进技术的消化吸收，逐步掌握了汽车空调管路制造的关键工艺和测试技术，实现了进口替代。

同时，行业内部以上海汽车空调配件为代表的领军企业也通过自身在技术上的创新，形成了自己独特的核心加工工艺，国产汽车空调管路无论在产品质量还是在制造技术水平上均迈上了一个新台阶。

随着人们环保意识的不断提高以及各国环保法规的相继出台，绿色汽车已经成为未来汽车发展的必然趋势，因而如何使汽车满足环境保护的要求，开发节能环保的新车成为各大整车厂研发的重点。

研究表明，若汽车整车质量降低 10%，燃油效率可提高 6%~8%，因而为了降低能耗，车身质量不断减轻，车型日趋小型化，发动机舱的空间大幅压缩，汽车空调管路的设计变得非常紧凑，管路的弯曲半径变得更小，管端成型日益复杂，对汽车空调管路的精度要求也越来越高。

此外，为了减少制冷剂泄漏对环境的影响，当前正在研发使用新型环保制冷剂，而新型制冷剂由于性能的限制，其制冷效果在原有空调系统下不够理想（主要体现在制冷效果不能达到要求），因此需要同时通过技术手段提高汽车空调系统的运行效率。

学习任务八　汽车转向沉重的故障诊断与排除

学习目标

1. 能正确叙述电子助力转向系统的作用；
2. 能正确对电子助力转向系统进行检测。

素质目标

1. 初步具备团队合作和岗位责任意识的能力；
2. 能够在协作中增强自身技能。

建议学时

13~22 学时。

工作情境描述

新能源汽车维修厂来了一辆需要维修的汽车，车主反映，该车出现转向沉重，经过试验该车配备的是电子助力转向系统，助力转向系统无助力输出，造成转向沉重。

工作流程与活动

学习活动 1　接受任务

建议学时：1~2 学时。

学习要求：能查阅维修工单，通过故障再现法，对车辆进行功能与电脑诊断，确认新能源汽车转向沉重故障现象，确定新能源汽车转向系统检修的项目内容和工期要求。

具体要求：

1. 识读任务书。

任务委托书（施工单）

<table>
<tr><td>车牌</td><td></td><td>VIN 码</td><td colspan="3"></td><td colspan="2">客户入厂时间：　年　月　日</td></tr>
<tr><td>车型</td><td></td><td>里程</td><td>____ km</td><td>车身颜色</td><td></td><td colspan="2">预计交车时间：　年　月　日</td></tr>
<tr><td colspan="6">联系地址：</td><td colspan="2">变更交车时间：　年　月　日</td></tr>
<tr><td colspan="6">客户名称/单位：</td><td colspan="2">通知客户时间：　年　月　日</td></tr>
<tr><td>电话</td><td colspan="2"></td><td colspan="3">____ km 保养</td><td colspan="2">保险公司：　投保时间：</td></tr>
<tr><td colspan="8">预约□　首次登录□　保修□　CSC□　实施：是□　否□　未实施原因：________</td></tr>
<tr><td rowspan="3">环车检查</td><td colspan="5">加装/改装□　轮毂罩□　天线□　随车工具□
玻璃升降器□　点烟器□　易燃易爆□　备胎□
音响/导航□　内饰□　仪表指示________</td><td colspan="2">环车检查备注：</td></tr>
<tr><td colspan="2">燃油量：</td><td colspan="5">旧件带走□　洗车□　寄存物品□　在场等候□</td></tr>
<tr><td colspan="5">结算方式：现金□　刷卡□　挂账□</td><td colspan="2">客户主述及要求：</td></tr>
</table>

<table>
<tr><td>检查项目/维修项目/所需零件</td><td>工时费</td><td>配件费</td><td>维修结果记录</td><td>技师签字</td></tr>
<tr><td></td><td></td><td></td><td></td><td></td></tr>
<tr><td></td><td></td><td></td><td></td><td></td></tr>
<tr><td></td><td></td><td></td><td></td><td></td></tr>
<tr><td></td><td></td><td></td><td></td><td></td></tr>
<tr><td></td><td></td><td></td><td></td><td></td></tr>
<tr><td></td><td></td><td></td><td></td><td></td></tr>
<tr><td></td><td></td><td></td><td colspan="2">预估费用合计：</td></tr>
<tr><td>经销商地址：
24 小时服务热线：010-12345
祝您：出行平安，工作愉快，身体健康，阖家欢乐。</td><td colspan="4">特别说明：
1. 此费用为估算价格，最终结算费用以实际发生费用为准。
2. 本人同意以上维修内容，确认维修。
3. 车内勿留贵重物品和现金，如有遗失，我公司概不赔偿。
4. 维修事故车所换下旧件，本公司仅负责对特殊旧件保留一周，逾期不再提供。
5. 维修费用支票支付，款到账后方可提车。</td></tr>
</table>

学习活动2 信息收集

建议学时：2~4 学时。

学习要求：通过查找相关信息，能够掌握电子助力转向系统概念、工作原理，转速传感器、故障控制模块、扭转传感器的功能。

具体要求：

1. 电子助力转向系统，是由________代替液压助力泵的一个转向助力系统，电子助力转向系统由____________________，各线路以及________组成，简称________________。

2. 电子助力转向系统的工作原理是，当转动方向盘，扭矩通过________传递到________________相对输出轴产生角位移，输入轴和输出轴之间产生角位差，通过传感器将其转换为电压信号并传送到________，________根据________和________的大小，按照一定的算法，控制电机电流大小和方向，从而控制电机传给输出轴的扭矩大小，实现在不同扭矩和不同车速下的智能助力，获得最佳转向特性。

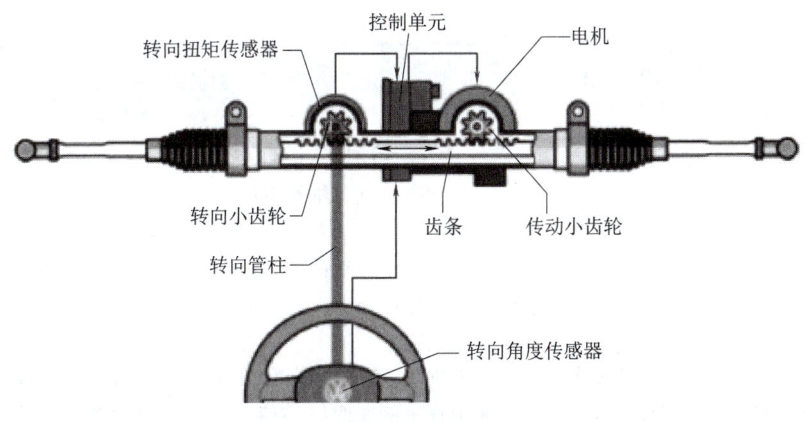

电子助力转向系统

3. VVS（转速传感器），是根据____

____

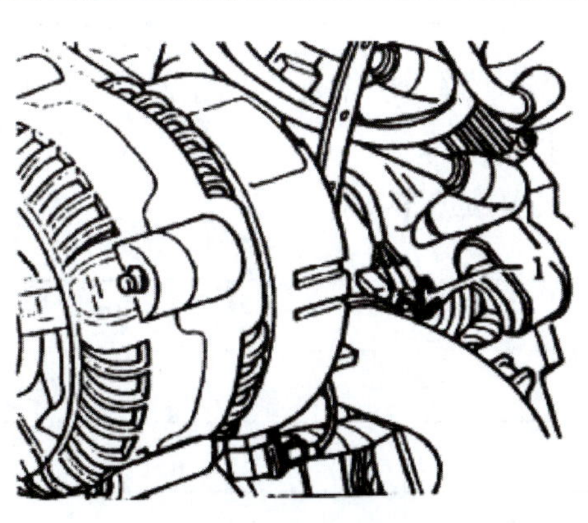

发动机转速传感器

4. 控制模块出现故障，控制模块是由微电脑、A/D（模拟/数字）转换器、I/O 装置等组成控制器，具有____________________________功能，若控制模块的模数转换器接口等损坏或松脱，均不能向方向机管柱发出控制信号使方向沉重。

5. 扭转传感器是对各种旋转或非旋转机械部分，对________感知的检测，扭转传感器将________转换成精确的电信号，如果传感器内的晶体管和二极管损坏或击穿，其脉冲信号变化范围变大，使控制模块不能得到有效计算，发出合理信号没有起到助力作用。

学习活动 3 制订计划

建议学时：2~4 学时。

学习要求：能与相关人员进行专业有效的沟通，根据新能源汽车转向系统结构和工作原理，分析造成转向故障的原因，查找维修手册、技术通报、维修案例，从满足客户对新能源汽车转向系统维修质量、经济性和维修时间等需求的角度来制订转向系统检修作业流程，并能进行作业前的准备工作。

具体要求：

序号	工作步骤	要求	备注
1	作业前准备	能根据新能源汽车维修要求布置新能源汽车维修工位及检修工具	
2	小组分工	根据任务需要，设定不同岗位职责	
3	根据故障代码和数据流导向，查阅维修手册、技术通报、维修案例，明确技术要点，制订维修流程	能查阅维修手册、技术通报、维修案例获取相关信息，制订接下来的维修方案	
4	评价	公平公正	

请根据故障现象和任务要求，确定所需要的检测仪器、工具，并对小组成员进行合理分工，制订详细的诊断和修复计划。

1. 需要的检测仪器、工具及防护用具。

2. 小组成员分工。

3. 诊断和修复计划。

学习活动4 计划实施

建议学时：6~8学时。

学习要求：能根据制订的维修方案，以及新能源汽车相关检修项目的作业流程和规范，通过零部件替换或维修等方式方法，在规定时间内完成转向系统故障的检修任务。

具体要求：

序号	工作步骤	要求	备注
1	根据制订的维修方案，确定故障范围	严格执行企业安全生产制度、环保管理制度和7S管理规定，应用必要的标志，并采取有效的防护措施	
2	确定故障点，对判断的故障部件进行检测，确定问题	诊断、拆卸、检查和维修等工作符合标准规范，严格执行企业安全生产制度、环保管理制度和7S管理规定，应用必要的标志，并采取有效的防护措施	

续表

序号	工作步骤	要求	备注
3	更换全新、功能良好的零件或对故障部件进行维修，完成后进行调试，检查故障现象是否消失	拆卸、安装和维修等工作符合标准规范，准确领取施工工具和材料。严格执行企业安全生产制度、环保管理制度和7S管理规定，应用必要的标志，并采取有效的防护措施	
4	评价	公平公正	

步骤：

（1）通过角色扮演的方式结合小组讨论，共同确定故障范围并写出。

（2）试车。进行试车，判断故障现象与客户描述是否一致：________，初步分析________，导致车辆转向沉重。

（3）车辆基本检查。拉紧驻车制动器，将变速器置于空挡位置，关闭起动开关，拆下低压蓄电池负极，打开前机舱盖，穿戴好个人防护用具，粘贴护裙，安装转向盘套、换挡手柄套，铺设地板垫，检查车辆传感器低压系统、控制单元及线束插头，有无松动、损坏等现象。

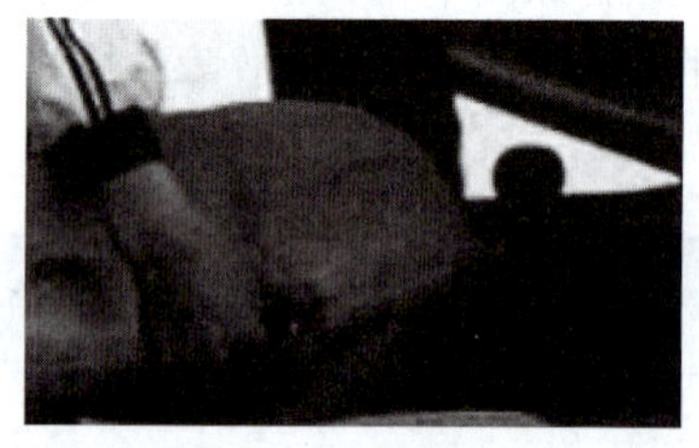

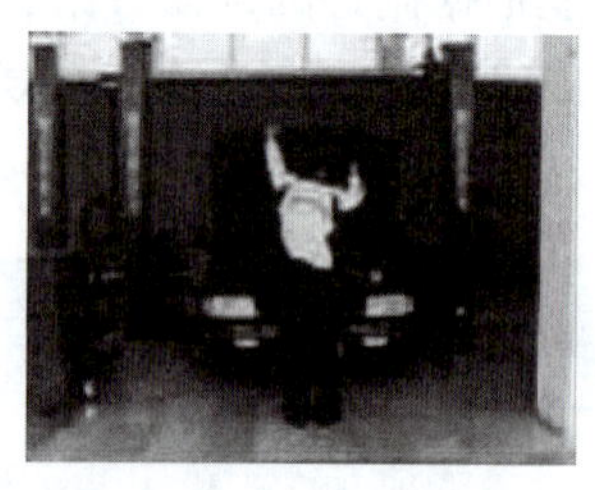

经检查：____。

（4）连接故障诊断仪读取故障代码。控制单元可否访问：________________________________。有、无故障代码：________。故障代码：________。

（5）查阅电路图，分析故障范围。经检查，整车控制器VCU工作________，仪表并未显示________系统故障或者________故障，也没有报出通信故障，因此，故障原因可能是以下三个方面：

一是____；

二是____；

三是____；

（6）VSS（转速传感器）检测。关闭起动开关，接触制动，举升车辆，拔下动力电池端低压控制插头，用万用表来测量转速传感器的电阻和电压，在发动机运转时，用万用表交流电压挡来测出电压，在发动机不运转时，可进行传感器线圈电阻检查，用万能表欧姆挡测量其端1脚和端2脚处电阻，经测量在其车不运转时，万能表欧姆挡的值________________。

（7）经检测确定故障为______________________________。

（8）更换______________________________，故障排除。

学习活动5 质量检查

建议学时：1~2学时。

学习要求：能根据新能源汽车转向系统运行要求，按厂家和行业检查标准对维修作业质量进行自检，在维修工单上填写自检结果、检修建议等信息并签字确认后，交付终检部门检验。

具体要求：

序号	工作步骤	要求	备注
1	检查并验证维修结果	能按照相关的技术指标对已完成的工作进行自检	
2	填写维修工单	按维修过程填写工单	
3	评价	公平公正	

1. 故障排除后，用故障诊断仪清除故障代码，并进行如下检查：

（1）检查线束插头情况：______________________________。

（2）检查是否还有转向沉重情况：______________________________。

2. 填写维修工单。

____

____

____

____

学习活动6 评价反馈

建议学时：1~2学时。

学习要求：能展示新能源汽车底盘疑难故障诊断与排查的技术要点，在维修结束后及时记录、评价、反馈和存档，总结工作经验，分析不足，提出改进措施，注重自主学习与提升。

具体要求：

序号	工作步骤	要求	备注
1	在维修结束后及时对维修过程记录、评价、反馈和存档	分析不足，提出改进措施，具备良好的团队合作和岗位责任意识	
2	知识拓展	注重自主学习与能力提升	

1. 撰写项目总结。

____

____

____

2. 评价。

请根据自己任务完成的情况，对自己的工作进行自我评价，并提出改进意见。

(1) ____

____。

(2) ____

____。

(3) ____

____。

3. 你认为在工作过程中哪一个环节是最困难的？是什么原因造成的？

____

____

4. 知识拓展。

写出 EPS 工作特点。

____

____

总体评价

项次	项目内容	权重	综合得分	备注
1	接受任务	10		
2	信息收集	20		
3	制订计划	15		

续表

<table>
<tr><th>项次</th><th colspan="2">项目内容</th><th colspan="2">权重</th><th>综合得分</th><th colspan="2">备注</th></tr>
<tr><td>4</td><td colspan="2">计划实施</td><td colspan="2">30</td><td></td><td colspan="2"></td></tr>
<tr><td>5</td><td colspan="2">质量检查</td><td colspan="2">15</td><td></td><td colspan="2"></td></tr>
<tr><td>6</td><td colspan="2">评价反馈</td><td colspan="2">10</td><td></td><td colspan="2"></td></tr>
<tr><td>7</td><td colspan="4">合计</td><td></td><td colspan="2"></td></tr>
<tr><td>8</td><td>本项目合格与否</td><td colspan="2"></td><td colspan="3">教师签字</td><td></td></tr>
<tr><td colspan="8">请你根据以上打分情况，对你在本项目中的工作和学习状态进行总体评价。</td></tr>
<tr><td colspan="8">教师指导意见：</td></tr>
</table>